EDITION PAGE

Springer-Verlag Berlin Heidelberg GmbH

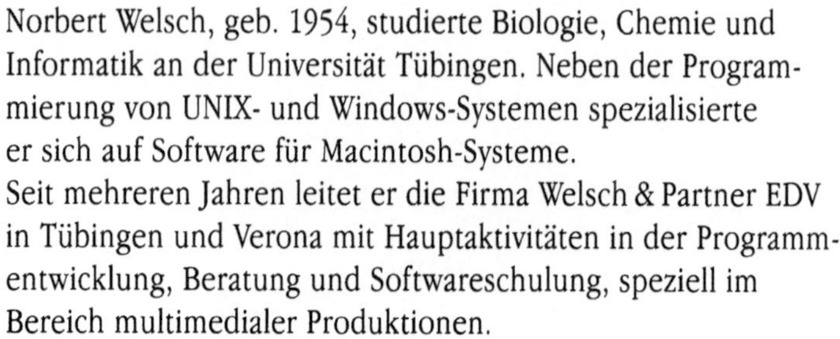

Norbert Welsch, geb. 1954, studierte Biologie, Chemie und Informatik an der Universität Tübingen. Neben der Programmierung von UNIX- und Windows-Systemen spezialisierte er sich auf Software für Macintosh-Systeme.
Seit mehreren Jahren leitet er die Firma Welsch & Partner EDV in Tübingen und Verona mit Hauptaktivitäten in der Programmentwicklung, Beratung und Softwareschulung, speziell im Bereich multimedialer Produktionen.

Guido Stercken-Sorrenti, geb. 1966, studierte Informatik und Linguistik an den Universitäten Würzburg und Tübingen.
Er beschäftigte sich in erster Linie mit der Erstellung grafikorientierter Software in Pascal, C und C++.
In mehrjähriger freier Mitarbeit bei Welsch & Partner EDV erstellte er systemnahe Basissoftware und Anwendungsprogramme, und war als Kursleiter für Schulungen über Macintosh-Anwenderprogramme wie Photoshop und QuarkXPress tätig. Seit 1993 lebt Herr Stercken-Sorrenti als freier Softwareberater und -entwickler in Verona, wo er unter anderem die italienischen Kunden von Welsch & Partner betreut.

Norbert Welsch
Guido Stercken-Sorrenti

Adobe Photoshop für Durchstarter

2. Auflage

Springer

Norbert Welsch
Bursagasse 8
D-72070 Tübingen

Welsch & Partner EDV
Konrad-Adenauer-Straße 15
D-72072 Tübingen

Guido Stercken-Sorrenti
Corso S. Anastasia, 38
I-37121 Verona

Die Deutsche Bibliothek – CIP-Einheitsaufnahme

Adobe Photoshop für Durchstarter / Norbert Welsch; Guido Stercken-Sorrenti. – Berlin; Heidelberg; New York; Barcelona; Budapest; Hong Kong; London; Mailand; Paris; Santa Clara; Singapur; Tokio: Springer (Edition PAGE).
ISBN 3-540-60535-5 (1- Aufl.)
ISBN 3-540-62877-0 (2. Aufl.)
Buch. – 2., überarb. und erw. Aufl. – 1997, brosch.
CD-ROM. – 2., überarb. und erw. Aufl. – 1997

Additional material to this book can be downloaded from http://extras.springer.com.

ISBN 978-3-540-62877-4 ISBN 978-3-642-95845-8 (eBook)
DOI 10.1007/978-3-642-95845-8

Umschlaggestaltung: Künkel + Lopka Werbeagentur, Heidelberg
Satz: QuarkXPress-Dateien von den Autoren
Belichtung: Text & Grafik, Heidelberg
SPIN 10549250 33/3142 – 5 4 3 2 1 0 – Gedruckt auf säurefreiem Papier

Inhaltsverzeichnis

New Zealand Journal of

Zoology

Volume 17 / Number 1 / 1990

Wellington

Die Hybrid-CD-ROM

Bestandteil dieses Buches ist eine Hybrid-CD-ROM, die durch Verwendung des Dateiformats nach ISO 9660 sowohl auf Windows-Systemen, wie auch auf Apple Macintosh-Rechnern lesbar ist.

Auf der CD-ROM befinden sich Demoversionen von Adobe Photoshop für Macintosh und Windows, sowie Übungsdokumente und Beispielbilder, auf die im Text verwiesen wird. Bitte kopieren Sie den Inhalt des Ordners / Verzeichnisses PHS_BSP auf Ihre Festplatte in einen Ordner/Verzeichnis BSP bevor Sie mit den Übungen beginnen.

Neben den Übungen zu Photoshop finden Sie auf der CD-ROM auch viele Demo- und Shareware-Programme sowie die Beispieldateien für die ebenfalls im Springer-Verlag erschienenen Bücher „Multimedia-Entwicklung mit Macromedia-Director " und „Multimedia-Programmierung mit Lingo" von N. Welsch (s. S. 13).

Da zum Zeitpunkt der Drucklegung lediglich Demoversionen von Adobe Photoshop 3.0 zur Verfügung standen, setzen Sie sich bei Bedarf bitte mit Adobe Systems GmbH, Ohmstraße 2, 85716 Unterschleißheim für eine aktuelle Demoversion in Verbindung.

Vorwort

Das vorliegende Buch wendet sich an Personen, die mit Adobe Photoshop arbeiten wollen und bereits über gewisse Grundkenntnisse im Umgang mit Computern und im grafischen Bereich verfügen, aber auch an Anwender, die das Programm bereits seit einiger Zeit einsetzen und die Nutzung weiter optimieren wollen.

Der Kern dieses Buches ging hervor aus den Seminarunterlagen der Firma Welsch & Partner, die sich seit vielen Jahren durch Schulungen für Anwendersoftware auf Apple-Macintosh-Computern einen Namen gemacht hat. Kurse über Adobe Photoshop bilden dabei neben Seminaren über QuarkXPress, Macromedia Director und Datenbanken einen besonderen Schwerpunkt unserer Tätigkeit. Die grundlegenden Kapitel wurden gemeinsam von Herrn Guido Sorrenti, einem langjährigen Freund und freien Mitarbeiter unseres Hauses, und mir als Unterlagen für unsere Photoshop-Kurse erstellt. Die Überarbeitung für die Version 4 von Photoshop übernahm Frau Silvia Daiber.

Viele Themen, die in dieses Werk Eingang gefunden haben (Arbeiten mit Kanälen, effektives Einsetzen von Filtern), wurden aus der Praxis, d.h. von unseren Kunden als Ideen oder Fragen an uns herangetragen und in Spezialseminaren besprochen.

Zum Inhalt

Für das vorliegende Buch wurde inhaltlich die folgende Gliederung gewählt:

Grundlagen

Kapitel 1-4 – In den einleitenden Kapiteln wird ein knapper Abriß über die Bildbearbeitung und Speicherung grafischer Information in Computern sowie über die Installation und den Programmaufruf von Photoshop gegeben. Eine kurze Abhandlung über das Systemumfeld und die Handhabung von Dokumenten wird im Anhang C gegeben, kann allerdings kein einführendes Werk über dieses Thema ersetzen.

Arbeiten mit Photoshop

Kapitel 5-14 – Sie erlernen in diesen Kapiteln, die direkt aus unseren Photoshop-Seminaren hervorgingen, die zur Arbeit mit Photoshop notwendigen Fertigkeiten. Nach dem Studium dieser Abschnitte haben Sie einen Überblick über die Leistungsfähigkeit von Photoshop für die Bildbearbeitung. Sie sollten mit den erworbenen Kenntnissen in der Lage sein, Probleme aus der Praxis sofort anzugehen. In den weiterführenden Kapiteln werden zusätzliche Möglichkeiten gezeigt, mit dem Programm Photoshop effizient zu arbeiten. Anhand praktischer Beispiele für den Fachmann werden Vorgehensweisen erläutert, die die Arbeit erleichtern und effizienter gestalten können.

Referenzteil

Das Buch wird abgerundet durch nützliche Anhänge, ein ausführliches Glossar, in dem Sie hoffentlich alle für Ihre Arbeit relevanten Begriffe aus der modernen DTP-Welt finden werden, und natürlich durch den obligatorischen Index.

Hinweis

Neben dem vorliegenden einführenden Werk zu Adobe Photoshop entstanden aus unseren Seminarunterlagen auch umfangreichere und weiterführende Bücher über das Programm QuarkXPress sowie über Multimedia-Entwicklung und -Programmierung mit Macromedia Director:

Norbert Welsch und Herrmann Bauer:
Satz und Layout mit QuarkXPress
für Macintosh und Windows.
Bonn [u.a.]: Addison-Wesley 1995.
ISBN 3-89319-809-1

Welsch, Norbert:
Multimedia-Entwicklung mit
Macromedia-Director
Springer-Verlag Berlin Heidelberg 1997.
ISBN 3-540-61861-9

Welsch, Norbert:
Multimedia-Programmierung mit
Lingo
Springer-Verlag Berlin Heidelberg 1997.
ISBN 3-540-61885-6

Danksagung

Für das Zustandekommen dieses Werkes schulde ich insbesondere Herrn Reichle vom Springer-Verlag vielen Dank, der die Veröffentlichung unserer Seminarunterlagen als Buch anregte. Für die sorgfältige sprachliche Überarbeitung danke ich insbesondere Herrn Alexander Wensler und Frau Simone Pfeifer sowie den Lektoren des Springer-Verlags. Für die inhaltliche Anpassung an Photoshop 4.0 und Ergänzung der Kapitel 11 und 13 danke ich Frau Silvia Daiber, für die Korrekturen Frau Patricia Geiger und für die Überarbeitung Herrn Bernhard Stolze. Besonderen Dank schulde ich natürlich allen Seminarteilnehmern, die in den letzten Jahren durch aktive Mitarbeit und interessante Diskussionen dazu beigetragen haben, dieses Werk lebendig und praxisnah zu gestalten.

Wir werden das vorliegende Buch auch in den nächsten Jahren als Grundlage für unsere Photoshop-Kurse verwenden und bitten daher alle Leser, sich mit Vorschlägen, kritischen Anmerkungen, Fragen und Kommentaren gerne an uns zu wenden. Wir werden versuchen, diese Anregungen in späteren Auflagen zu berücksichtigen.

Norbert Welsch
Welsch & Partner EDV
Konrad-Adenauer-Str. 15, 72072 Tübingen
Tel. 0 70 71 -79 99-0
Fax. 0 70 71 -79 99-89
E-Mail:nwelsch@welsch.com
URL:http://www.welsch.com

Konventionen

In diesem Buch gelten folgende Konventionen, die Ihnen die Übersicht über das dargebotene Material erleichtern sollen:

Normaler Text

Normale Textpassagen sind in der Schriftart AppleGaramond Lt gesetzt. Die Schriftgröße ist 11 pt bei 13 pt Zeilenabstand.

ÜBUNG

Durch das Übungssymbol wird der Beginn einer Übung oder eines neuen Übungsabschnittes angezeigt. Zum Verständnis der angesprochenen Schritte sollten Sie den jeweils davor stehenden allgemeinen Teil verstanden haben.

→

Querverweise auf andere Kapitel und Bilder sind im Text erwähnt oder mit diesem Symbol gekennzeichnet.

•

Einzelpunkte in einer Aufzählung sind durch diesen Punkt markiert.

Der Blitz bezeichnet Passagen, in denen Sie auf auftretende Fehler aufmerksam gemacht werden oder weist auf die Gefahr von Zeit- oder Datenverlusten hin.

Bearbeiten: Kopieren

In dieser Schriftart sind alle Bezeichnungen von Menüpunkten, Eingabefeldern etc. gesetzt. Der Doppelpunkt bezeichnet Untermenüs.

Was ist ein Bildbearbeitungs-programm?

1 Was ist ein Bildbearbeitungsprogramm?

Mit modernen Computern werden Daten unterschiedlichster Art bearbeitet. Eine der faszinierendsten Anwendungen stellt dabei die Bildbearbeitung dar. Mit den heute verfügbaren Programmen lassen sich sogar Farbbilder in perfekter Qualität aufnehmen, speichern, bearbeiten und ausdrucken. Bildbearbeitungsprogramme eignen sich hervorragend zur elektronischen Nachahmung von Prozessen, die bisher in Fotolabors unter Verwendung giftiger Chemikalien durchgeführt werden mußten. Entwicklung, Umkontaktieren, Negativabzüge erstellen, Solarisation etc. gehören in dieses Grundrepertoire. Doch neben diesen klassischen Techniken stehen auch viele neue Bearbeitungsmethoden zur Verfügung, die bisher entweder technisch gar nicht machbar oder aber aus Zeit- und Kostengründen nicht in größerem Umfang einsetzbar waren. Die Werkzeugpalette des Grafikers wurde durch Bildbearbeitungsprogramme um unzählige Möglichkeiten bereichert: Da gibt es Sprühdosen, mit denen man farbige Muster aufsprühen kann, Bilder werden verzerrt, als wären sie auf einem Gummituch aufgebracht, und Fotos laufen stufenlos ineinander über. Mit Bildbearbeitungsprogrammen können Sie vor allem auf gestalterischem Sektor völlig neues Terrain erforschen.

1.1 Bildbearbeitung mit Computern

Für einen Computer sind Bilder zunächst einmal Daten. Selbst mit den einfachsten Rechnern lassen sich im Prinzip Bilder verarbeiten. Daß die allermeisten Rechner bis vor ca. zehn Jahren fast ausschließlich für die Verarbeitung von Zahlen und Texten eingesetzt wurden und die Bildbearbeitung erst in den letzten Jahren einen grandiosen Aufschwung erlebt, hat verschiedene Gründe.

Der vielleicht wichtigste Grund ist, daß erst entsprechend preisgünstige Eingabe- und Ausgabegeräte entwickelt werden mußten.

Ein Bild, sofern es nicht vom Rechner selbst erzeugt wird, muß zuerst über einen *Scanner* oder eine elektronische Kamera eingelesen werden. Im Computer verschlingt es normalerweise enorme Mengen an Speicherplatz, die erst seit kurzer Zeit zu erschwinglichen Preisen zur Verfügung stehen.

Will man das Bild bearbeiten, so benötigt man zunächst einen guten grafikfähigen Monitor und leistungsfähige Programme. Durch die großen Datenmengen wird dem Computer eine beträchtliche Rechenleistung für die Verarbeitung abgefordert. Schließlich muß das Endergebnis, soll es nicht nur auf dem Bildschirm zu bewundern sein, auch ausgegeben werden. Dafür kommen entweder Drucker, Fotosatzbelichter oder die Ausgabe auf ein Dia in Frage.

Alle erwähnten Komponenten zur Bildbearbeitung mit Computern haben sich in den letzten Jahren gegenseitig befruchtet und in rasantem Tempo weiterentwickelt.

1.2 Speicherung von Bildern in Rechnern

Schon sehr frühe Rechner konnten bestimmte Arten von Grafiken ausgeben. Dabei handelte es sich zumeist um die Ergebnisse von Rechnungen. Kurven und Diagramme wurden direkt auf sogenannten Plottern ausgedruckt; das sind Geräte, in denen Schreibstifte durch Computerbefehle bewegt werden können. Bald kam der Wunsch auf, diese Ausgaben auch für einen späteren Ausdruck aufzuzeichnen und zwischenzuspeichern, und die ersten Methoden der Speicherung von Objektgrafik waren erfunden. Doch erst das Aufkommen der Rasterbildschirme und entsprechender Programme ermöglichte die Verarbeitung von Fotografien, wie wir sie heute kennen.

1.2.1 Objektgrafik

Bei der Methode der Objektgrafik, oft auch als Vektorgrafik bezeichnet, werden Objekte wie Linien, Rechtecke, Kreise, Texte und Kurven mit ihren Kenngrößen als eine Art Liste gespeichert. Die Objekte werden zur Anzeige nach den Angaben in der Liste gezeichnet, die Liste also Objekt für Objekt interpretiert. Welche Daten (Parameter) für die Definition gespeichert sind, ist abhängig von den jeweiligen Objekten. Eine solche interne Objektliste, die man als Anwender übrigens nie wirklich zu Gesicht bekommt, könnte z. B. etwa so aussehen:

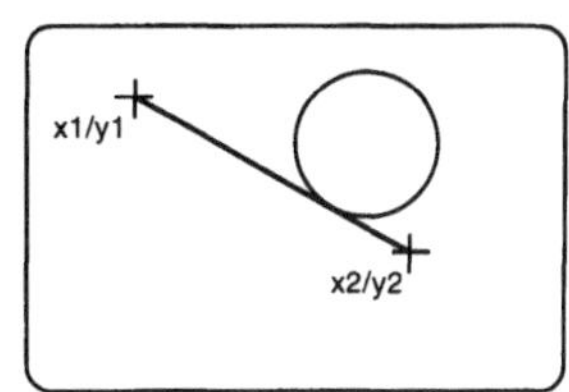

Speicherung des Bildes durch Parameter der Objekte

```
Linie;   x1=3cm; y1=2cm; x2=12cm; y2=8cm; d=0,3mm;
col=rot;
Text;    x1=20cm; y1=10cm; t="Test"; f=Helvetica;s=24pt;
col=schwarz;

Kreis;   xm=9cm; ym=6cm; r=2cm; d=0,2mm; col=grün;
...
```

Natürlich ist es für Programmierer auch wichtig zu wissen, in welcher Weise (mit welcher Syntax) die Informationen in der Liste genau gespeichert sind. Dafür sind bestimmte Beschreibungsformate in Gebrauch, wie z. B. die Formate PICT und PICT2, mit denen die Apple QuickDraw-Routinen arbeiten, oder das bekannte Format PostScript, das häufig zur Ausgabe auf Druckern verwendet wird.

1.2.2 Rastergrafik (Pixel- / Bitmap-Grafik)

Eine radikal andere Methode der Darstellung von Bilddaten in einem Computer wird bei der Rastergrafik (auch als *Pixelgrafik* oder *Bitmap-Grafik* bezeichnet) verwendet. Die Idee zu dieser Methode leitet sich direkt ab vom Aufbau heutiger Rasterbildschirme. Bei den früher häufig anzutreffenden textorientierten Geräten wurde im Computerspeicher nur der anzuzeigende Text im *ASCII-Code* abgelegt. Das hatte den Vorteil, daß für die damals üblichen 80 Zeichen x 25 Zeilen auf einem Bildschirm nur jeweils ein Byte an Information, also 2000 *Byte* insgesamt, im Speicher abgelegt werden mußten. Es muß nur wenig Information vom Prozessor verarbeitet werden, deshalb war die Anzeige auch mit bescheide-

Speicherung des Bildes durch einzelne Bildpunkte

nen Rechenleistungen ausreichend schnell. Die eigentliche Darstellung eines Zeichens, z. B. eines „A" auf dem Bildschirm, übernahm eine spezielle Elektronik im Bildschirmkontrollgerät, der Zeichengenerator.

Der inhärente Nachteil dieser Methode war jedoch, daß es nur unter größten Schwierigkeiten möglich war, Text mit Grafik zu mischen oder verschiedene Schriftarten darzustellen.

Sobald aber die ersten genügend leistungsfähigen Mikroprozessoren wie der „68000" auf dem Markt erschienen, begann man daher, die Information im Speicher auf eine andere Weise am Bildschirm darzustellen, die als „Bitmap" bezeichnet wird. Die Bildschirmelektronik wurde so ausgelegt, daß jeder Bildpunkt einzeln ein- und ausgeschaltet werden konnte, abhängig von einem *Bit* im Speicher. Eine 1 in der Speicherzelle bedeutete z. B.einen schwarzen Bildpunkt, eine 0 einen weißen.

Jeweils acht nebeneinander liegende Bildpunkte konnten so in einem Byte abgelegt werden. Die Erzeugung von Schrift (und zwar nun jeder beliebigen Buchstabenform) und Grafik wurde dabei von einem Programm übernommen; der Zeichengenerator konnte entfallen. Der erste weit verbreitete Rechner, bei dem die künstliche Trennung in Textmodus und Grafikmodus auf diese Weise aufgehoben wurde, war die „Lisa" der Firma Apple, die Urmutter der heutigen „Macintosh"-Rechner.

1.2.3 Vor- und Nachteile sowie Einsatzgebiete

Beide beschriebenen Grafikverfahren haben ihre spezifischen Anwendungsgebiete und ergänzen sich in vielen Fällen. Während die Objektgrafik sich durch die Möglichkeiten der nachträglichen Änderung einzelner Objekte besonders für technische Zeichnungen eignet, ist die Pixelgrafik dazu prädestiniert, eingescannte Fotos mit vielen Farben bzw. Graustufen und schlecht mathematisch faßbare Objekte wie Bäume, Landschaften oder Portraits zu bearbeiten. Oft dienen pixelorientierte Programme auch der Nachbearbeitung von Illustrationen, die in Zeichenprogrammen erstellt und dann umgewandelt wurden. Nach der Bearbeitung mit Werkzeugen wie Sprühdose oder Wischfinger (s. u.) wirken die Bilder wesentlich lebendiger als reine Zeichnungen.

1.2.4 Konversion zwischen den Grafiktypen

Manchmal ist es sinnvoll, eine Objektgrafik in eine Rastergrafik umzuwandeln und umgekehrt.

Umwandeln in eine Rastergrafik

Es ist meist einfach, aus einer Objektgrafik eine Rastergrafik zu erzeugen. Man braucht dazu nur einen *Bildschirmdump* anzufertigen (z. B. mit der im Macintosh-System eingebauten Funktion Befehl-Umschalt-3 oder mit einem der zahlreichen Hilfsprogramme von Fremdherstellern wie z. B. Capture™). Wenn Sie die Pixelgrafik für spätere Ausdrucke nur in Schwarzweiß benötigen, sollten Sie nie vergessen, die Farbtiefe Ihres Gerätes mit dem *Kontrollfeld* „Monitore“ bzw. in der Windows-Systemsteuerung vor dem Bildschirmdump auf s/w zurückzustellen. Die Bildschirmkopie benötigt dann nur 1/8 des Speicherplatzes gegenüber einem Dump im 256-Farbmodus.

Für die Umwandlung größerer Bereiche, als auf dem Bildschirm sichtbar sind, stellen verschiedene kombinierte Zeichen-/Malprogramme (z. B. Canvas oder SuperPaint) Funktionen zur Verfügung. Auch Adobe Photoshop kann dazu verwendet werden, Objektgrafiken in sehr guter Qualität in Rastergrafiken umzuwandeln.

Adobe Photoshop 4.0 verarbeitet Objektgrafiken, die mit Programmen wie Adobe Illustrator erstellt wurden oder die im PICT-Format vorliegen, einem auf Apple-Macintosh-Computern sehr verbreiteten Format. Bedenken Sie jedoch, daß Sie bei der Umwandlung die Möglichkeit verlieren, auf einfache Weise Änderungen an einzelnen Objekten Ihrer Zeichnung durchzuführen.

Bewahren Sie deshalb unbedingt das Original auf. Ein sinnvoller Grund für eine Umwandlung kann z. B. sein, daß Sie die exakt gleiche Darstellung einiger weniger Buchstaben einer exotischen Schrift auf jedem Rechner sicherstellen wollen, ohne die entsprechende Schrift zu transferieren.

Eine weitere interessante Möglichkeit für die Umwandlung von Objektgrafik in Rastergrafik bietet das Programm Screen Ready von Adobe. Es wird von beliebigen Programmen aus angesteuert wie ein Drucker, liefert aber Raster-PICT-Bilder mit sauberer Kantenglättung als Ausgabe. Zudem kann damit auch eine größere Anzahl von Bildern durch einen einzigen Befehl konvertiert werden.

Beachten Sie bei der Umwandlung bitte die gewünschte Auflösung auf Ihrem endgültigen Ausgabegerät. Pixelgrafiken von wesentlich weniger als 300 dpi sehen auf dem Bildschirm noch gut aus, erweisen sich aber in Ausdrucken meist als unbrauchbar. Sie müssen einen mit 72 dpi durchgeführten Bildschirmdump ggf. mindestens 4fach verkleinern.

Umwandeln in eine Objektgrafik

Wesentlich schwieriger ist die exakte Umwandlung einer vorliegenden Rastergrafik in eine Objektgrafik. Diese ist für komplexe Bilder meist nicht eindeutig durchzuführen. Einige Programme (z. B. Adobe Illustrator™) bieten hierzu einige Hilfsmittel, die, auf einzelne Ausschnitte der Grafik angewandt, gute Ergebnisse liefern. Bessere Resultate erhält man durch Spezialprogramme für die Umwandlung wie Adobe Streamline™. Damit können Sie exakt spezifizieren, wie genau die erzeugten Kurven den Konturen der Pixelgrafik folgen sollen und ob Konturen oder Mittellinien gesucht werden etc.

1.2.5 Mischlösungen

Es gibt inzwischen einige Programme, die versuchen, die Vorteile beider Grafikmethoden zu mischen (Canvas, SuperPaint, Coral Draw etc.), indem entweder in einem Zeichenprogramm Objekte eingeführt werden, die in sich wiederum Rastergrafiken sind, oder indem einfach eine pixelorientierte Malebene und eine objektorientierte Zeichenebene „aufeinandergelegt“ und gemeinsam angezeigt werden. Normalerweise erreichen diese Programme aber nicht in jeder Einzeldisziplin den Funktionsumfang einer spezialisierten Lösung.

Auch Adobe Photoshop hat seit der Version 2.0 einen kleinen objektorientierten Teil, nämlich die Pfade in Form von *Bezier-Kurven* (Zeichenfeder), die nunmehr zur Erzeugung von Auswahlbereichen zur Verfügung stehen und die es auch ermöglichen, in bestimmten Formaten (EPS) Bilder mit nicht rechteckiger Begrenzung oder sogar transparenten Löchern zu speichern.

1.2.6 Speicherbedarf für Bilder

Bald kamen neben den reinen s/w-Bildschirmen auch solche auf, die unterschiedliche Graustufen oder auch Farben darstellen konnten. In diesem Fall reicht natürlich die Information von einem Bit (ein/aus) nicht mehr, um einen Bildpunkt zu beschreiben. Es wurden mehrere Bits zusammengefaßt, um unterschiedliche Graustufen bzw. Farben eines Bildpunktes zu speichern. Die folgende Tabelle zeigt die gebräuchlichsten Methoden der Darstellung. Heutige Bildschirme haben häufig eine Auflösung von ca. 1000 x 1000 Bildpunkten. Die bei der Speicherung als Bitmap auftretenden Speichermengen sind daher oft extrem groß. Optimale Farbdarstellung und -bearbeitung wird erst durch getrennte Speicherung der Rot/Grün/Blau (RGB)-Anteile eines Bildes in getrennten Bytes (24 Bit/Pixel) erreicht. Da moderne Mikroprozessoren meist 32 Bit Prozessoren sind und auf diese Informationsmenge besonders effizient zugreifen können, werden für die RGB-Darstellung nicht nur 24 Bit, sondern 32 Bit verwendet, bei denen 8 Bit meist ungenutzt bleiben (32 Bit Color QuickDraw).

1 Bit (2 Stufen)
0 schwarz
1 weiß

2 Bit (4 Stufen)
00 schwarz
01 dunkelgrau
10 hellgrau
11 weiß

3 Bit (8 Stufen)
000 100
001 101
010 110
011 111

4 Bit (16 Stufen) ...

dargest. Farben	Bits pro Bildpkt.	Bildpunkte pro Byte	Speicher für 1000x1000 Bildp.
2	1	8	128 kByte
4	2	4	256 kByte
16	4	2	512 kByte
256	8	1	1 MByte
16,7 Mio	24 (32)	1/4	3/4 MByte

1.2.7 Direkte und indizierte Farbdarstellung

Die Werte, die im Bildschirmspeicher für jeden Punkt abgelegt sind, können entweder direkt als Intensitätswerte einer Farbe aufgefaßt werden oder aber als Nummer einer Farbe in einer Farbtabelle, die die eigentlichen Intensitätswerte enthält. Im allgemeinen verwendet man für Schwarzweiß- und Graustufenbilder mit einer Farbtiefe von 2 bis 8 Bit die direkte Interpretation als Intensitätswerte. Auch bei Farbbildern muß dieses Verfahren für optimale Farbdarstellung und schnelle Bearbeitungsmöglichkeiten gewählt werden.

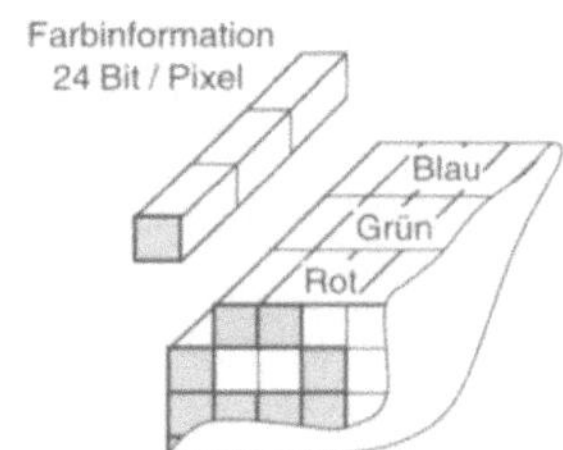

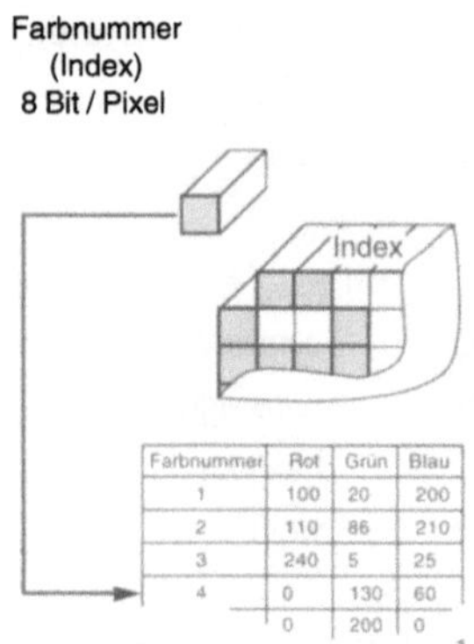

Farbinformation aus Tabelle

Will man statt Grauwerten wirkliche Farben auf dem Monitor darstellen, ohne mehr Information im Bild speichern zu müssen, so kann auch eine Farbtabelle zu Hilfe genommen werden, die die Werte für die Rot/Grün/Blau-Intensitäten der gewünschten Farben enthält und so lang ist, wie die mögliche Zahl gleichzeitig darstellbarer Farben. Auf diese Weise kann im Falle von 8-Bit-Farbtiefe zwar jede beliebige der 16,7 Millionen möglichen RGB-Farben dargestellt werden, aber eben nur maximal 256 gleichzeitig. Indem die Farbtabelle so flexibel gewählt wird, daß sie hauptsächlich diejenigen Farben enthält, die in einem gegebenen Bild besonders häufig vorkommen (Adobe Photoshop bzw. die Apple Systemsoftware können das so einrichten), erreicht man bei indizierter Farbdarstellung auf einem Macintosh mit 8-Bit-Farbkarte eine ausgezeichnete Qualität für die allermeisten Bilder. Allerdings müssen bei der indizierten Farbdarstellung einige Einschränkungen in den Bearbeitungsmöglichkeiten von Bildern in Kauf genommen werden. Zumindest alle Bearbeitungsmethoden, die zu einer Mischung neuer Farben führen (Verläufe, Weichzeichnen, Wischfinger etc.), sind nicht ohne weiteres möglich. Es müßte dafür nämlich dauernd eine neue Farbtabelle errechnet werden, was einen völlig unakzeptablen Zeitaufwand bedeuten würde.

Was ist Photoshop?

2 Was ist Adobe Photoshop?

Adobe Photoshop ist wahrscheinlich das leistungsstärkste Fotoretusche- und Malprogramm, das Sie gegenwärtig auf Personal Computern einsetzen können. Zumindest auf der Macintosh-Plattform im professionellen Bereich der Bildbearbeitung, aber auch zunehmend unter Windows, gibt es nur noch sehr wenige Alternativen. Parallelprodukte wie Colorstudio, Pixelpaint oder Laserpaint werden nicht mehr vertrieben bzw. beschränken sich auf einen unbedeutenden Marktanteil. Die einzige ernstzunehmende Konkurrenz, die Photoshop mittelfristig erwachsen könnte, sind Programme wie LivePicture. Solche Programme definieren Bildoperationen primär nicht auf Pixelebene, sondern über mathematische Operationen. Erst das darzustellende Endbild wird auf Pixelebene berechnet. Damit werden Bildkompositionen in Echtzeit und beliebig viele zurücknehmbare Arbeitsschritte möglich. Aufgrund des enormen Speicherbedarfs, des hohen Preises und einer vertrackten Benutzeroberfläche der bisher vorgestellten Produkte werden Sie aber wohl noch viele Jahre Bilder mit Photoshop bearbeiten.

Neben dem Einsatzgebiet bei der traditionellen EBV (Elektronischen Bildverarbeitung) für Printmedien findet Photoshop auch zunehmend einen Markt bei der Bereitstellung qualitativ hochwertiger Bildschirmgrafik für Multimedia-Produktionen. Die Anforderungen liegen hier weniger im schnellen und flexiblen Umgang mit den riesigen Datenmengen, die man aus dem Printbereich kennt; vielmehr sind bei Bildschirmgrafik eher die kreativen Möglichkeiten gefragt. Auch in dieser Disziplin hat Photoshop einiges zu bieten.

Buchtip:
Norbert Welsch:
Multimedia-Entwicklung mit Macromedia-Director,
Springer-Verlag 1997.

Sie können mit Photoshop alle nur denkbaren Manipulationen an Bildern durchführen. Besonders das Konzept der Kanäle, der Ebenen, der Transparenz und die unüberschaubaren Kombinationsmöglichkeiten der erweiterbaren Filter machen Adobe Photoshop zu einem der eindrucksvollsten Programme auf dem Macintosh und auf Computern mit dem DOS/Windows Betriebssystem. In der Funktionalität reicht Photoshop durchaus heran an ungleich teurere High-End-Systeme zur EBV auf Workstations. Die Möglichkeiten der grafischen Gestaltung werden nur noch durch die eigene Phantasie begrenzt.

Der Umgang mit Photoshop

3 Der Umgang mit Adobe Photoshop

3.1 Installation

Die Installation von Adobe Photoshop auf Ihre Festplatte können Sie von CD oder über Disketten durchführen.

Bei Disketteninstallation legen Sie die Adobe Photoshop-Programmdiskette ein und öffnen sie durch *Doppelklick* auf das Diskettensymbol. Starten Sie dann das Installationsprogramm durch Doppelklick auf das betreffende Symbol.

Daraufhin erscheint ein Dialog, in dem Sie wählen können, wo auf Ihrer Festplatte der Photoshop-Ordner eingerichtet werden soll. Nach Abschluß des Dialogs durch **[Installieren]** befindet sich auf der Festplatte ein neuer Ordner mit dem Namen „Adobe Photoshop™ D1-4.0 Ordner", der das eigentliche Programm enthält. Um Photoshop richtig zu nutzen, sollten Sie auch die Zusatzmodule von den übrigen mitgelieferten Disketten installieren. Dabei können Sie wie folgt vorgehen:

- Die Diskette „Zusatzmodule" enthält die Ordner „Photoshop Zusatzmodule" sowie „Fremdanbieter Software". Mit „Zusatzmodulen" sind spezielle Dateien gemeint, die den Leistungsumfang von Photoshop erweitern; sie sehen im Finder wie abgebildet aus.

Diese Module können sowohl von Adobe selbst als auch von Drittanbietern stammen. Um sie zu benutzen, ziehen Sie bitte zunächst den gesamten Ordner „Photoshop Zusatzmodule" von der Diskette in den Photoshop-Ordner auf Ihrer Festplatte, um ihn dorthin zu kopieren. Die anderen Dateien auf dieser Diskette brauchen Sie zunächst nicht. Ziehen Sie nun bitte das Diskettensymbol auf das Symbol des Papierkorbs, um die Diskette auszuwerfen.

- Im Unterordner „Bilder" befindet sich die Beispieldatei „Hände", die Sie ebenfalls in den Photoshop-Ordner kopieren sollten.

- Die „Kalibrierungsdiskette" dient dazu, den Bildschirm auf Farbechtheit einzustellen.

- Die „ATM® Diskette“ enthält den Adobe Type Manager™ – eine Systemerweiterung, mit der Sie spezielle Adobe-Schriften in hoher Qualität auf Bildschirm und Drucker darstellen können.

Falls der Type Manager nicht bereits auf Ihrem Macintosh installiert ist, legen Sie den gesamten Inhalt der „ATM® Diskette“ in den Systemordner. Vorsicht: Die Wirkung des Type Manager tritt erst nach einem Neustart des Computers in Kraft.

Seit Version 3.0 können Sie Adobe Photoshop mit allen notwendigen Bestandteilen auch direkt von der mitgelieferten „Photoshop DeLux“ CD installieren, wenn Sie ein CD-ROM-Laufwerk an Ihren Rechner angeschlossen haben. Dies ist viel bequemer, da Ihnen eine Menge Diskettenwechsel erspart bleiben.

3.2 Programmaufruf

Sie haben mehrere Möglichkeiten, das Programm Adobe Photoshop vom *Finder* aus zu starten:

Wenn Sie mit einem neuen, leeren Zeichenblatt beginnen wollen, können Sie Adobe Photoshop durch einen Doppelklick auf das Symbol (*Icon*) des Programms starten.

Falls Sie statt dessen ein bereits bestehendes Bild weiterbearbeiten möchten, können Sie auch auf das Symbol des Bildes doppelklicken.

Bei Apples System 7 können Bilder auch so abgespeichert werden, daß das Symbol im Finder eine Miniatur des echten Bildes ist. In diesem Fall muß das Symbol also nicht so aussehen wie oben abgebildet.

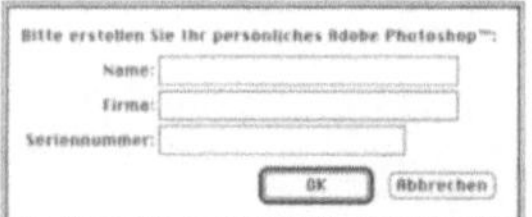

Wenn Sie Adobe Photoshop nach einer Neuinstallation zum ersten Mal starten, werden Sie nach der Seriennummer Ihrer Kopie gefragt. Sie erhalten dabei auch die Gelegenheit, Ihren Namen und Ihre Firma einzutragen (die Seriennummer finden Sie auf der mitgelieferten Registrierkarte).

Sie werden beim ersten Mal auch gefragt, wo die Datei für die Grundeinstellungen, „PS Einstellungen", abgelegt werden soll. Photoshop findet diese Datei später bei jedem weiteren Start. Im gleichen Verzeichnis, in dem diese Datei liegt, sucht Photoshop beim Start auch nach Zusatzmodulen für Filter etc. und legt seine temporäre Arbeitsdatei an.

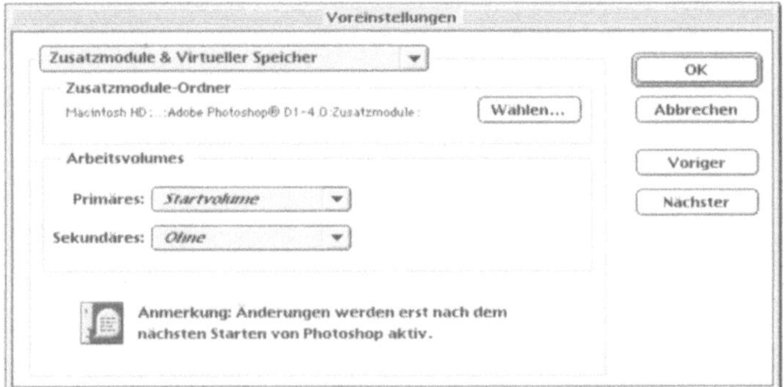

Einstellen des virtuellen Speichers

Achten Sie daher bitte darauf, daß auf dem entsprechenden Speichermedium noch genügend (einige Megabyte) Platz vorhanden sein muß, um mit Photoshop größere Bilder bearbeiten zu können. Die neueren Photoshop-Versionen 3.0 und 4.0 benötigen für die Bearbeitung gleicher Bilder leider viel mehr Speicherplatz und wesentlich größere temporäre Dateien als Version 2.0. Über die Funktion **Ablage: Voreinstellungen: Zusatzmodule & Virtueller Speicher...** haben Sie die Möglichkeit, einen weiteren Datenträger als sekundäres Arbeitsvolume anzugeben, auf den Photoshop seine temporären Dateien auslagern kann, wenn die Festplatte voll werden sollte. Sie können für das sekundäre Arbeitsvolume notfalls auch einen über ein schnelles Netzwerk angebundenen Server auswählen.

Trotz der vielen nützlichen neuen Funktionen kann es aufgrund des enormen Speicherhungers bei beschränkten Ressourcen durchaus sinnvoll sein, parallel noch mit der Uralt-Version 2.0 zu arbeiten.

ÜBUNG

Starten Sie nun bitte Ihr Programm Adobe Photoshop durch Doppelklick auf das Bild „Obst", aus dem Ordner / Verzeichnis BSP auf Ihrer Festplatte (vgl. S. 11).

Arbeiten mit Dokumenten

4 Arbeiten mit Dokumenten

Die meisten Aktionen, die sich auf das gesamte Dokument beziehen, sind im Menü **Ablage** zusammengefaßt. Wenn Sie bereits andere Anwendungen für den Macintosh kennen, wird Ihnen dieses Menü sehr bekannt vorkommen. In der Tat gibt es praktisch in jedem Macintosh-Programm das Menü **Ablage** (in manchen Programmen und unter Windows heißt es allerdings **Datei**). Es ist immer das erste Menü rechts neben dem -Menü, sieht immer gleich oder zumindest ähnlich aus und stellt auch die gleichen Grundfunktionen zur Verfügung: neue Dokumente anlegen, bestehende Dokumente öffnen, schließen, sichern und drucken. (Vielleicht wundern Sie sich über den Begriff „Dokument" in diesem Zusammenhang: Er hat sich als Übersetzung des englischen „document" eingebürgert und steht als allgemeiner Oberbegriff für Zeichnungen in Zeichenprogrammen, Texte in Textverarbeitungsprogrammen etc. Wenn wir bei Adobe Photoshop von Dokumenten sprechen, sind also stets komplette Bilder gemeint.)

Die Funktionen wollen wir nun im einzelnen kennenlernen:

4.1 Neuanlegen von Bildern

Durch den Menüpunkt **Ablage: Neu...** erzeugen Sie eine neue, leere Malfläche. Sie müssen zunächst in einem Dialog die gewünschte Bildgröße (Breite/Höhe), Auflösung und Bildart bzw. Modus angeben. Falls sich zu diesem Zeitpunkt ein Bildausschnitt (z. B. aus einem anderen Programm ausgeschnitten) in der Zwischenablage befindet, werden die Einstellungen für Bildgröße und -art bereits passend vorgegeben. Sie brauchen das Bild anschließend nur noch durch den Menübefehl **Bearbeiten: Einsetzen** in das neue Dokument einzusetzen.

Die Einheiten für Bildgröße, Auflösung und Modus können Sie aus *Popup-Menüs* wählen. Bei jeder Änderung wird die neue notwendige Dateigröße sofort im Fenster angezeigt.

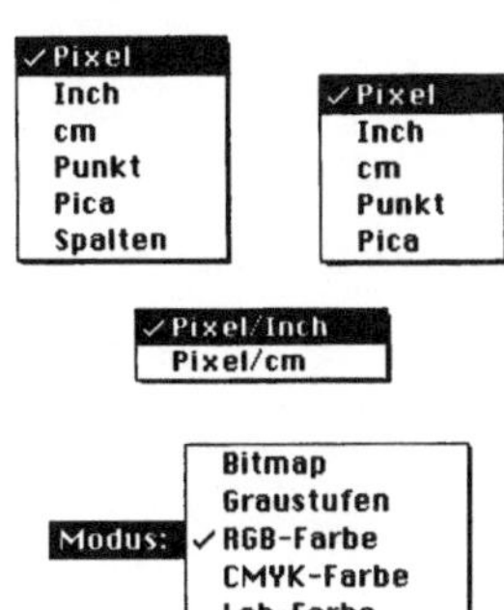

Tastaturkürzel:

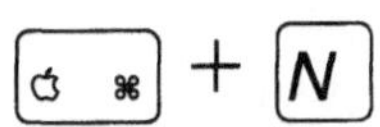

Neues Dokument

Übung Wählen Sie bitte diesen Menüpunkt, um eine leere Malfläche anzulegen. Bitte beachten Sie, daß das Bild mit dem Obst im Hintergrund immer noch vorhanden ist. Schieben Sie das neue Fenster mit dem Größensymbol (in der rechten unteren Ecke des Fensterrahmens) auf etwa die halbe Bildschirmbreite zusammen. Tun Sie dasselbe mit dem Bild „Obst", dann bewegen Sie das Fenster (mit dem Verschiebebalken am oberen Fensterrand) auf die rechte Bildschirmhälfte. Nun liegen beide Bilder nebeneinander.

Diese Technik ist immer dann von Nutzen, wenn Sie verschiedene Dokumente oder verschiedene Ansichten desselben Dokumentes gleichzeitig bearbeiten möchten, um z. B. Teile eines Bildes in ein anderes zu kopieren.

4.2 Öffnen und Importieren von Bildern

4.2.1 Öffnen von Photoshop-Bildern

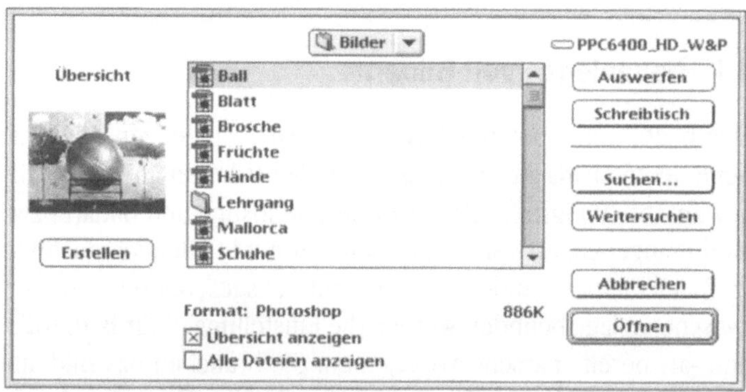

Mit dem Menüpunkt **Ablage: Öffnen...** öffnen Sie ein Bild, das auf Diskette, CD-ROM bzw. Festplatte gespeichert wurde. Sie sehen in dem rollbaren Bereich des Dialoges alle Ordner, die sich auf der aktuellen Verzeichnisebene befinden, und alle Photoshop-Dokumente, die Sie mit diesem Befehl öffnen können.

Tastaturkürzel: [⌘] + [O]
Dokument öffnen

Mit Hilfe der rechts angezeigten Knöpfe und des Popup-Menüs oberhalb des rollbaren Bereiches wird bei Bedarf zwischen allen verfügbaren Ordnern des Verzeichnisbaumes gewechselt. Ein Bild wird geöffnet durch Auswählen seines Namens und den **[Öffnen]**-Knopf oder durch Doppelklick auf den Namen. Neuere Photoshop-Versionen zeigen links neben dem rollbaren Bereich eine Übersicht (Vorschau) des Bildes, das geöffnet werden soll. Dabei wird entweder nur das verkleinerte Bild angezeigt, das der Finder verwendet, oder aber eine etwas größere Vorschau, die über den Knopf **[Erstellen]** erzeugt wird. Beachten Sie, daß die Daten für eine erstellte Vorschau in der Bilddatei selbst dauerhaft gespeichert werden und diese um ca. 4 kByte vergrößern.

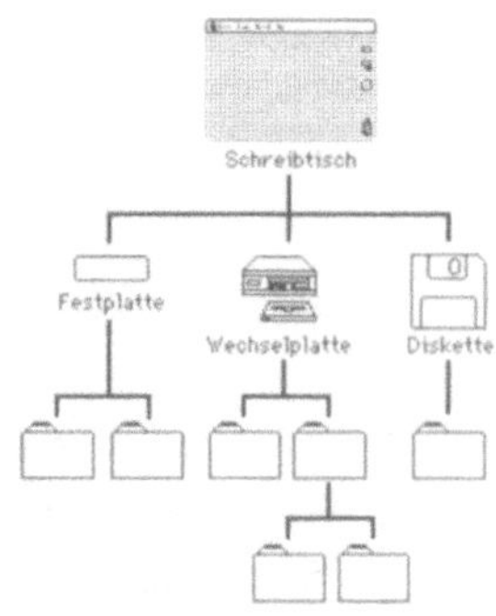

Verzeichnisbaum (Beispiel)

Ein geöffnetes Bilddokument kann durch **Fenster: Neue Ansicht** auch in mehreren verschiedenen Ansichten (Fenstern) gleichzeitig angezeigt werden. Das ist z. B. nützlich, um einen Überblick über das Bild und eine vergrößerte Ansicht eines Details zu sehen. Auch später, beim Arbeiten mit Kanälen, erweist sich die Möglichkeit, mehrere Ansichten eines Dokuments gleichzeitig zu betrachten als sehr wichtig. Für jeden einzelnen Farbkanal und für das Farbbild selbst wird jeweils ein Fenster verwendet.

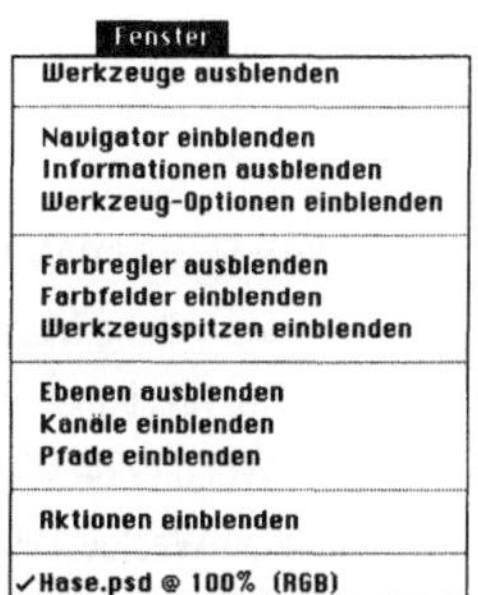

ÜBUNG

Öffnen Sie bitte das Bild „Obst" aus dem Beispielordner.

4.2.2 Öffnen anderer Bildformate

In früheren Photoshop-Versionen stand für das Öffnen von Fremdformaten ein eigener Menüpunkt **Ablage: Öffnen als...** zur Verfügung. Im Gegensatz dazu werden ab der Photoshop-Version 3.0 auch Bilder anderer Formate im normalen Öffnen-Dialog angezeigt, wenn Sie die Option „Alle Dateien zeigen" wählen und diese über die jeweils installierten Importfilter überhaupt gelesen werden können. Wichtig sind hier besonders folgende Formate:

TIFF-Format (Tag Image File Format)

Dieses Format wird häufig verwendet zum Speichern eingescannter Bilder und zur Übertragung zwischen Rechnern verschiedenen Typs. TIFF-Bilder mit großen Anteilen einfarbiger Flächen können durch die beim Speichern wählbare verlustfreie „LZW-Kompression" sehr kompakt abgelegt werden.

EPS-Format (Encapsulated PostScript)

Zum Einlesen objektorientierter Zeichnungen, z. B. aus Adobe Illustrator und ähnlichen Programmen. Das Bild wird während des Einlesens in die entsprechende Rastergrafik-Darstellung umgewandelt. Innerhalb einer EPS-Datei kann zusätzlich zur Vektorinformation bereits eine im allgemeinen grobe Raster-Voransicht im PICT- oder TIFF-Format gespeichert sein, die Sie alternativ öffnen können. Beim Sichern eines EPS-Bildes kann optional ein vorher definierter „Beschneidungspfad" als beliebig geformte Randbegrenzung angegeben werden, die z. B. in Layoutprogrammen wie QuarkXPress als transparent berücksichtigt wird.

Buchtip zu QuarkXPress:
N. Welsch und H. Bauer:
Satz und Layout mit
QuarkXPress
Addison-Wesley 1995-1997

GIF-Format (CompuServe GIF)

Vor allem seit der stärkeren Verbreitung des WWW (World Wide Web) hat das Format GIF (Graphics Interchange Format) stark an Bedeutung gewonnen. GIF wird neben JPEG hauptsächlich für die Veröffentlichung von Grafiken im Web eingesetzt, da es für Bilder mit bis zu 256 Farben sehr speichersparend ist. GIF kann von Photoshop 4.0 über **Ablage: Exportieren** erzeugt werden. Dabei besteht die Möglichkeit, entsprechend der Spezifikation für **GIF89a** eine der Farben aus der Farbpalette als transparent zu definieren. Weiterhin können Sie festlegen, ob das Bild später beim Laden über das Internet „interlaced" (d. h. während des Ladevorgangs zunehmend detailreicher angezeigt) wird.

Buchtip zum WWW:
Mary-Jane Mara:
Der Macintosh im
World Wide Web
Addison-Wesley 1996

RAW-Format (Roh-Format)

Unbekannte Formate haben meist einen Anfangsteil (Header), in dem programmspezifische Informationen abgelegt sind, und einen Bereich, in dem die eigentlichen Bilddaten liegen. Wenn die Größe des Headers bekannt ist, so können Sie evtl. auch solche Dateien mit fremden Formaten durch die RAW-Option lesen. Der Anfangsteil wird dabei einfach übergangen und die folgenden Bytes als Bildinformation aufgefaßt (einiges Experimentieren ist hier allerdings meist notwendig).

4.2.3 EPS-Bilder importieren

Wählen Sie **Ablage: Plazieren...**, wenn Sie ein EPS-Bild, z. B. aus Adobe Illustrator™, nicht als neues Dokument in einem eigenen Fenster öffnen, sondern in ein bestehendes Bild einsetzen (importieren) wollen. Sie können Bilder aus Illustrator durch **Bearbeiten: Kopieren** auch über die Zwischenablage übertragen; dieses Verfahren ist aber für die endgültige Ausgabe nicht zu empfehlen, da dabei nur eine niedrig aufgelöste PICT-Version des Bildes eingesetzt wird.

4.3 Schließen und Sichern von Bildern

4.3.1 Schließen eines Fensters

Durch den Befehl **Ablage: Schließen** schließen Sie ein Fenster, das Sie im Moment nicht mehr benötigen. Die gleiche Wirkung erzielen Sie übrigens auch durch Klicken in das Schließfeld (in der linken oberen Fensterecke). Wenn das Fenster die letzte geöffnete Ansicht eines Dokumentes ist, beenden Sie damit auch die Bearbeitung eines Bildes.

Tastaturkürzel: 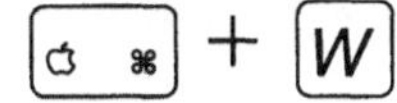

Dokument schließen

Falls Sie Änderungen vorgenommen haben, die noch nicht gesichert wurden, erfolgt vor dem Schließen eine Rückfrage, ob die Änderungen gespeichert werden sollen.

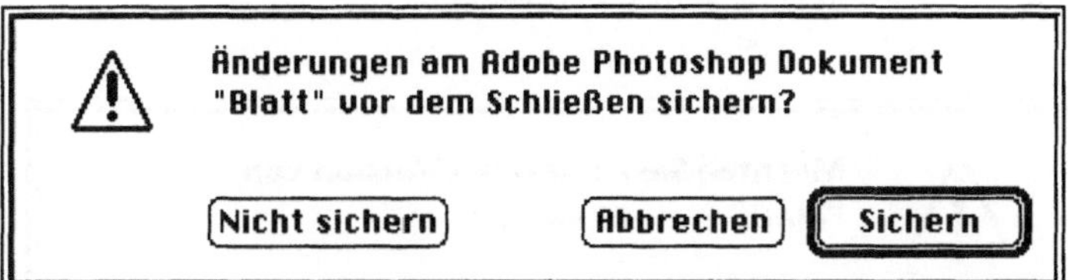

Antworten Sie mit **[Nicht sichern]**, wenn Sie schließen wollen, weil die Änderungen unwichtig oder falsch waren und nicht gesichert werden sollen. Wenn Sie **[Abbrechen]** wählen, bleibt das Bild weiterhin geöffnet. Mit **[Sichern]** werden die Änderungen gespeichert und das Dokument wird geschlossen.

ÜBUNG

Klicken Sie bitte in die Titelzeile des Bildes „Obst", das Sie eben geöffnet haben, um dieses Fenster zu aktivieren. Dann wählen Sie **Schließen** aus dem **Ablage**-Menü.

4.3.2 Sichern

Mit diesem Punkt speichern Sie eine neu erstellte bzw. geänderte Zeichnung auf Diskette oder Festplatte. Falls das Dokument noch keinen Namen hat, werden Sie im Dialog dazu aufgefordert, einen Namen zu vergeben.

Tastaturkürzel: [⌘] + [S]
Dokument sichern

ÜBUNG Aktivieren Sie das von Ihnen erstellte Bild und wählen Sie **Ablage: Sichern**. Sichern Sie das Bild in einem passenden Ordner und vergeben Sie einen Namen.

4.3.3 Sichern unter...

Dieser Punkt führt in jedem Fall auf den Sichern-Dialog. Er wird verwendet, um ein bereits benanntes Bild unter einem weiteren Namen abzulegen (um beispielsweise eine Kopie anzufertigen).

4.3.4 Zurück zur letzten Version...

Falls Sie in einer bestehenden Zeichnung irrtümlicherweise Änderungen durchgeführt haben, nun aber zur zuletzt gespeicherten Version zurückkehren möchten, hilft Ihnen dieser Menüpunkt. Er entspricht eigentlich dem Ablauf Schließen -> Sichern? Nein. -> Öffnen (mit demselben Namen).

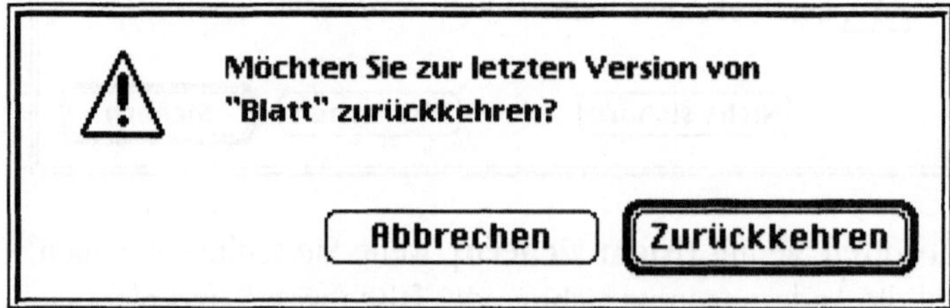

4.3.5 Verwendung der Dateinamenerweiterung

Auf dem Macintosh haben Sie die Möglichkeit, beim Sichern die Dateinamenerweiterung des verwendeten Dateiformats zu verwenden, z. B. „jpg" für JEPG oder „tif" für TIFF. Wenn Sie die Dateien auch unter Windows verwenden möchten, ist es sinnvoll, die Datei mit Extension abzuspeichern. In den allgemeinen Voreinstellungen können Sie wählen, ob die Dateinamenerweiterung „Nie" oder „Immer" abgehängt werden soll, bzw. später beim Sichern gefragt wird, ob mit oder ohne Extension gesichert werden soll.

4.4 Importieren / Exportieren

Photoshop kann durch Zusatzmodule anderer Hersteller die Fähigkeit erhalten, weitere Dateitypen zu importieren und/oder zu exportieren. Die entsprechenden Zusatzmodule müssen beim Programmstart im selben Verzeichnis liegen, in das Sie bei der Installation die Datei „PS Einstellungen" gelegt haben.

Geglättetes PICT-Bild...
PICT Ressource...
Quick Edit...
TWAIN importieren...
TWAIN Quelle wählen...

Ablage: Importieren:

Zu den hier in Frage kommenden Erweiterungen zählen auch die Steuerungsmodule für Scanner, die ggf. im Untermenü bei **Ablage: Importieren:** zur Verfügung stehen.

Photoshop 4.0 besitzt bereits von sich aus fünf Standard-Importverfahren, von denen die Option „Geglättetes PICT-Bild" die wichtigste ist. Sie dient der optimalen Umwandlung von Bildern, die im Vektor-PICT-Format vorliegen mit Hilfe von Antialiasing (Siehe Kapitel 7.3.1).

Quick Edit... erlaubt es bei sehr großen Bildern bestimmter Formate (Scitex und unkomprimiertes TIFF), speichersparend und schneller nur einen Ausschnitt zur Bearbeitung zu öffnen. Über die Schwesterfunktion in **Ablage: Exportieren:** können die bearbeiteten Ausschnitte auch wieder in die Datei zurückgeschrieben werden.

GIF89a exportieren...
Pfade -> Illustrator...
Quick Edit sichern...

Ablage: Exportieren:

Wie das Import-Menü, ist auch **Ablage: Exportieren:** durch zusätzliche Module anderer Hersteller erweiterbar.

4.5 Drucken

Die zwei Menüpunkte **Papierformat...** und **Drucken...** befinden sich ebenfalls im Ablage-Menü; sie werden ausführlich im Kapitel 12.3 besprochen.

Tastaturkürzel: 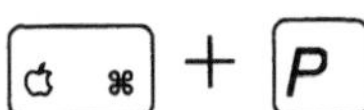

4.6 Voreinstellungen

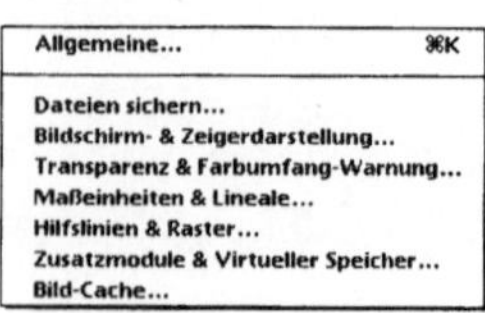

Ablage: Voreinstellungen...:

Ein weiterer wichtiger Menüpunkt sind die diversen in verschiedene Kategorien eingeteilten Grundeinstellungen des Programms. Wir haben bereits die Funktion **Virtueller Speicher...** kennengelernt und werden auf die anderen wichtigen Grundeinstellungen an passender Stelle eingehen.

4.7 Beenden

Wenn Sie mit diesem Menüpunkt das Programm beenden, werden alle offenen Dokumente zunächst geschlossen. Auch dabei erfolgt selbstverständlich vorher jeweils eine Rückfrage, falls Ihre Änderungen noch nicht gesichert waren. Erst danach wird Photoshop wirklich beendet.

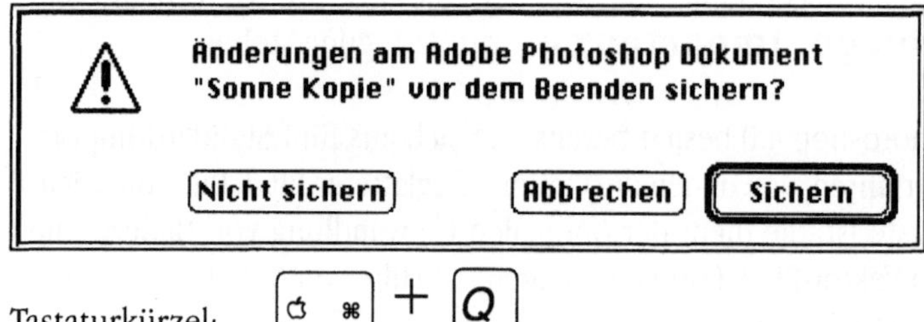

Tastaturkürzel: ⌘ + Q

ÜBUNG Beenden Sie nun bitte das Programm Photoshop.

Grundkonzepte von Photoshop

5 Grundkonzepte von Photoshop

Um erfolgreich mit Adobe Photoshop arbeiten zu können, sollten Sie einige wichtige Grundkonzepte verstanden haben: die Auswahl, den Umgang mit einer schwebenden Auswahl, die Verwendung verschiedener Bildkanäle, die unterschiedlichen Arten, in denen Bilder dargestellt werden können, die Bedeutung von Pfaden und das Arbeiten mit mehreren transparenten Ebenen in einem Bild.

5.1 Auswahl

Wenn Sie Bilder bearbeiten, soll oft nicht das gesamte Bild verändert werden, sondern nur bestimmte Teile davon. Ein solcher, zur Bearbeitung markierter Bildteil kann beliebig geformt sein und wird als Auswahl bezeichnet.

Alle Änderungen und Eingriffe (Zeichnen, Kopieren, Anwendung von Filtern, Helligkeitseinstellung etc.) beziehen sich immer nur auf die aktuelle Auswahl. Wenn keine Auswahl vorhanden ist, gilt das gesamte Bild als ausgewählt.

Man kann sich die Auswahl als Loch in einer Schablone (Abdeckmaske) vorstellen. Sie kann jede beliebige Form annehmen, also auch aus mehreren nicht zusammenhängenden Stücken bestehen. Eine einmal getroffene Auswahl kann nach Bedarf erweitert bzw. verkleinert werden.

Insbesondere brauchen die Ränder einer Auswahl nicht scharf abgegrenzt zu sein, sondern sie können als „weiche Auswahlkanten" definiert werden. Dadurch wirken Bildmanipulationen z. B. im Kern der Auswahl mit voller Intensität, wohingegen die Wirkung zu den Rändern hin abnimmt. Die Möglichkeit einer weichen Auswahlkante ist zur Vermeidung sichtbarer Kanten bei fast allen Bildmanipulationen unverzichtbar, die nur einen Teil des Bildes betreffen.

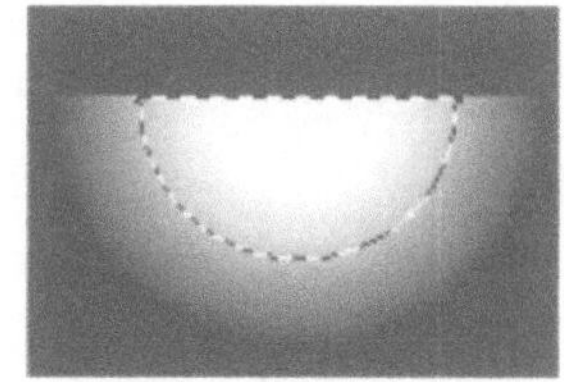

Diese Auswahl ist an ihrer oberen Kante scharf begrenzt, aber an der Kreisperipherie ausgefranst. Alle Änderungen verlaufen hier weich im Hintergrund.

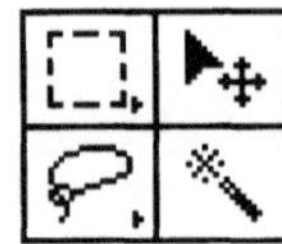

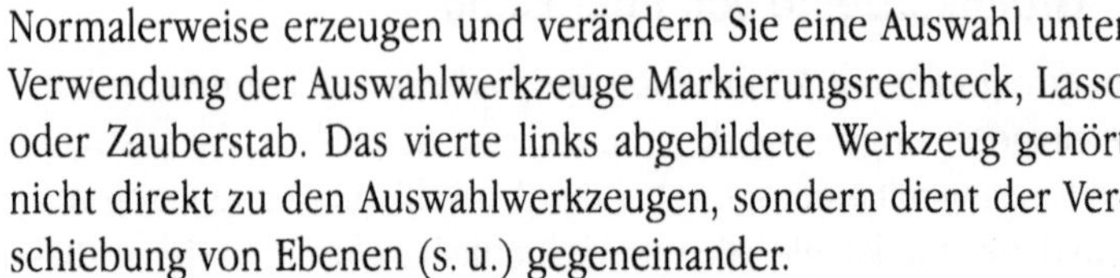

Normalerweise erzeugen und verändern Sie eine Auswahl unter Verwendung der Auswahlwerkzeuge Markierungsrechteck, Lasso oder Zauberstab. Das vierte links abgebildete Werkzeug gehört nicht direkt zu den Auswahlwerkzeugen, sondern dient der Verschiebung von Ebenen (s. u.) gegeneinander.

Seit der Version 2.0 von Adobe Photoshop haben Sie auch die Möglichkeit, zur Erzeugung einer Auswahl „Pfade" (sogenannte Bezier-Kurven) zu verwenden, die inzwischen in einer eigenen Palette untergebracht sind. Damit können Sie den auszuwählenden Bereich über Kurvenpunkte, Eckpunkte und Tangenten festlegen, und diese Festlegung mit dem Dokument speichern. Ein Pfad kann in eine Auswahl umgewandelt werden und umgekehrt.

5.2 Schwebende Auswahl

Ein weiteres Konzept von Adobe Photoshop ist die „schwebende" Auswahl. Gemeint ist damit ein, z. B. durch Wegziehen der Auswahl bei gedrückter Wahl- und Befehlstaste, erstellter Bereich, der noch gegen seinen Hintergrund verschoben und auf vielfältige Weise beeinflußt werden kann, bevor er durch Klicken außerhalb des Bereiches endgültig in die Bildebene übertragen wird. Sie können eine schwebende Auswahl z. B. noch verschieben, drehen, verzerren, sie in eine andere Ebene einsetzen, oder mit Hilfe des Schiebers „Deckkraft" in der Palette „Ebenen" teilweise transparent machen. Bis zu Version 3 von Photoshop entsteht eine schwebende Auswahl auch bei jedem Einsetzen eines Bildteils aus der Zwischenablage. Neuere Programmversionen verhalten sich nur noch so, wenn in einem Bildmodus gearbeitet wird, der lediglich einen Kanal zuläßt (z. B. Bitmap). In allen anderen Fällen entsteht sofort eine neue Ebene (s. u.).

5.3 Kanäle

Bilder werden in Adobe Photoshop in sogenannten Kanälen gespeichert. Um mit Kanälen arbeiten zu können, müssen Sie die entsprechende Palette über das Menü **Fenster** einblenden. Ein Kanal enthält in den meisten Fällen die Bildinformation für eine bestimmte Farbe, bei bestimmten Bildformaten auch eine sonstige Teilinformation des Bildes, z. B. die Helligkeit.

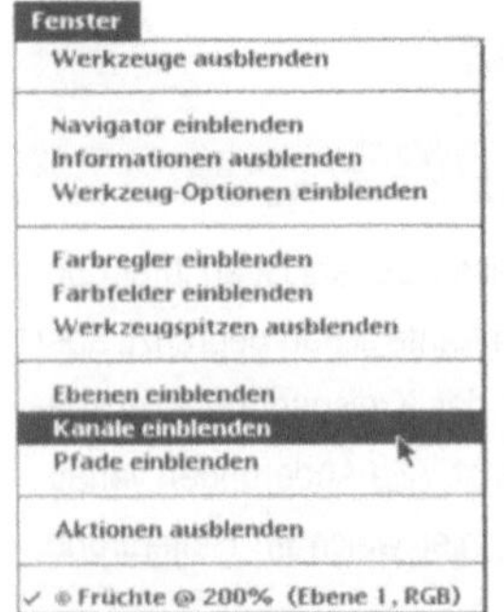

Das Menü Fenster

Bitmap, Graustufen, Duplex und indizierte Farbbilder sind 1-Kanal-Bilder. RGB- und Lab-Bilder (s. u.) bestehen aus drei Kanälen, CMYK-Bilder aus vier Kanälen. Zusätzlich können Sie weitere Kanäle, sogenannte Alpha-Kanäle, zu Bildern hinzufügen.

Insgesamt kann ein Bild in Photoshop Version 4.0 bis zu 24 Kanäle beinhalten. Oft werden zusätzliche Alpha-Kanäle dazu benutzt, eine Auswahl zu speichern.

Mit dem Menübefehl **Auswahl sichern** aus dem Menü **Auswahl** können Sie die aktuelle Auswahl in einen neuen Alpha-Kanal transferieren, mit **Auswahl laden** wird er zurückgespeichert.

Sie können in Adobe Photoshop einzelne Kanäle eines Bildes sichtbar machen und separat bearbeiten. Öffnen Sie dazu am besten eine oder mehrere weitere Ansichten Ihres Dokuments über das Menü **Fenster: Neue Ansicht**. Die Befehle zur Festlegung, welcher Kanal bzw. welche Kanäle in einem Fenster bearbeitet werden können, befinden sich in einer eigenen Palette, die Sie über **Fenster: Kanäle einblenden** anzeigen können. Durch direktes Arbeiten in Farbkanälen ist es z. B. möglich, komplizierte Farbverläufe exakt zu definieren, die anders schwer zu erreichen wären (etwa die 2-dimensionalen Verläufe, die an den Flächen eines Farbwürfels auftreten). Wenn Sie in einem Alpha-Kanal zeichnen, verändern Sie damit die Auswahl, die nach **Auswahl laden** zustandekommt. Die Auswahl können Sie auf diese Weise sehr viel exakter beeinflussen, als es allein durch die Option „Weiche Auswahlkante" gegeben wäre. Ähnliche Techniken werden wir noch in der Übung „Melody" (Kap. 14.2.2) verwenden.

Kanäle sind allerdings für den Ungeübten nicht immer leicht anzuwenden und in ihrer Wirkung zu durchschauen. Die seit der Photoshop-Version 2.5 bestehende Möglichkeit, im Maskieren-Modus zu arbeiten, sowie die mit Version 3.0 eingeführten Ebenen haben die Bedeutung der Kanäle etwas relativiert. Mit diesen Funktionen sind entsprechende Resultate teilweise bequemer zu erreichen.

5.4 Bildrepräsentationen in Photoshop (Modus)

5.4.1 Bitmap

Bitmap-Bilder sind die einfachste Form der in Photoshop möglichen Bilder. Sie bestehen nur aus schwarzen Punkten auf weißem Hintergrund. Bitmap-Bilder können Sie mit Photoshop kaum direkt bearbeiten; dazu müssen sie zuerst in Graustufenbilder umgewandelt werden. Im Bitmap-Modus funktionieren von den Werkzeugen lediglich der Buntstift und der Radiergummi; mit ihnen können Sie Bildpunkte schwarz einfärben bzw. wegradieren. Sie wandeln Bilder daher normalerweise nur dann in Bitmap um, wenn Sie sie später in einem Programm weiterverarbeiten wollen, das ausschließlich Schwarzweiß-Information verarbeitet, oder um sie auf einem entsprechenden Drucker auszugeben.

5.4.2 Graustufen

In Graustufenbildern kann jeder Bildpunkt einen beliebigen Helligkeitswert zwischen Schwarz und Weiß annehmen, vergleichbar mit einem Schwarzweißfoto oder dem Bild eines Schwarzweißfernsehers. Dabei sind 256 Abstufungen möglich, was in der Praxis mehr als genug ist: Unser Auge kann nur ca. 160 Graustufen unterscheiden, und selbst Bilder, die auf ca. 20 Grauwerte eingeschränkt sind, lassen sich meist mit bloßem Auge nicht vom Original unterscheiden. Graustufenbilder werden Sie z. B. immer dann verwenden, wenn Sie gescannte Schwarzweißfotos nachbearbeiten.

5.4.3 Duplex

Duplexbilder sind von der Speicherung her ebenfalls Einkanal-Graustufenbilder, obwohl sie Farbe für den Druck verwenden. Die Farbe (meist eine ohnehin auf der Druckseite benötigte Schmuckfarbe) dient bei Bildern dieses Typs nur dazu, einen Druck mit besserer Brillianz zu erreichen. Die helleren Töne des Graustufenbildes werden dabei hauptsächlich mit der helleren Schmuckfarbe gedruckt, die Tiefen des Bildes vornehmlich mit Schwarz (bzw. der dunkleren Druckfarbe). Dies hat zur Folge hat, daß das Bild einen sehr guten Kontrast sowohl in den helleren wie in den dunkleren Bildbereichen zeigt.

5.4.4 Indizierte Farben

Das Konzept der indizierten Farbbilder basiert zunächst auf einem Konstruktionsmerkmal der meisten Farbmonitorkarten: Durch technische Grenzen bestimmt, können diese Macintosh-Farbmonitorkarten zwar ca. 16 Millionen Farben darstellen, aber immer nur 256 Farben gleichzeitig. Das liegt daran, daß für jeden einzelnen Bildpunkt nicht die volle Farbinformation abgespeichert wird, sondern nur die Nummer eines Eintrags in der sogenannten Farbtabelle (s. auch Kap. 1.2.7). Diese Farbtabelle umfaßt z. B. 256 Einträge, von denen jeder die exakte Beschreibung einer Farbe aus 16 Millionen Möglichkeiten enthält.

Dieser Modus, der zunächst als eine rein technisch bedingte Einschränkung erscheinen mag, bietet auch zwei Vorteile: Zum ersten können damit auch auf preiswerten 256-Farben-Bildschirmen Echtfarbbilder mit höchstmöglicher Auflösung dargestellt werden, da durch geschickte Wahl der Farbtabelle erreicht wird, daß nur noch sehr selten im Bild vorkommende Farben durch Rasterung (sog. *Dithering*) angenähert werden müssen. Der zweite Vorteil ist nicht sofort offensichtlich: Da jedem Bildpunkt nur indirekt über die Farbtabelle eine Farbe zugewiesen ist, können alle Bildpunkte, die auf denselben Eintrag verweisen, nachträglich umgefärbt werden, indem der entsprechende Tabelleneintrag geändert wird. Solche Verfahren benutzt man z. B. in der wissenschaftlichen Bildanalyse (Falschfarbendarstellung) oder für scheinbar bewegte Bildsequenzen durch schnelles Umschalten der Farbtabelle (Palettenanimation) (s. auch Kap. 8.4).

ÜBUNG

Das Bild „Obst“ ist als indiziertes Farbbild auf Ihrer CD-ROM abgelegt, da es dabei gegenüber einem RGB-Bild nur 1/3 des Speichers benötigt. Sehen Sie sich bitte die Eigenschaften des geöffneten Bildes an, indem Sie bei gedrückter Wahltaste die Maustaste in der linken unteren Ecke des Fensterrahmens festhalten. Bitte achten Sie auch auf die Größe des Bildes in kByte; sie wird sich bei der nächsten Übung verändern.

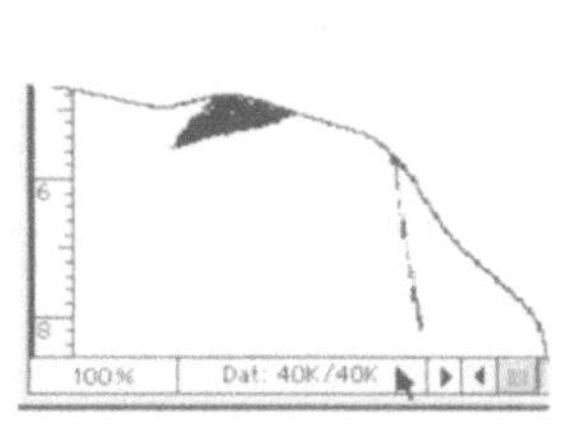

Breite: 190 Pixel (6,7 cm)
Höhe: 243 Pixel (8,57 cm)
Kanäle: 3 (RGB Farbe)
Auflösung: 72 Pixel/Inch

5.4.5 RGB-Farbe

Beim RGB-Bild werden die Farben über ihre Rot-, Grün- und Blaukomponenten festgelegt, die in drei verschiedenen Kanälen gehalten werden. Diese Farbrepräsentation entspricht der additiven Farbmischung eines Farbfernsehers bzw. dem technischen Aufbau eines Farbmonitors (s. auch Kap. 6.1, 6.2 und 6.4). Dabei besteht jeder Kanal aus einem Graustufenbild, das für jeden Bildpunkt die Helligkeitsinformation für die betreffende Farbkomponente festlegt. Da jeder dieser Kanäle wiederum 256 verschiedene Intensitäten beinhalten kann, ergibt sich daraus eine Gesamtzahl von 256 x 256 x 256 = 16.777.216, also über 16 Millionen verschiedener Farben. Diese können allerdings nur mit einer 24- oder 32-Bit-Farbvideokarte auch tatsächlich dargestellt werden; auf den normalen 256-Farben-Bildschirmen können die fehlenden Farben nur durch Raster simuliert werden.

Bei Photoshop 4.0 können Kanäle von Graustufen- und RGB-Bildern in Sonderfällen auch 16-Bit-Farbtiefe umfassen. Da sich solche Bilder aber nicht in Photoshop bearbeiten lassen, beschränkt sich ihr Nutzen in der Praxis auf das Öffnen, die Darstellung und die Speicherung von Bildern, die in diesen Farbtiefen gescannt wurden. Zur Bearbeitung müssen die Bilder jedoch über **Bild: Modus: 8 Bit pro Kanal** in der Farbtiefe reduziert werden.

ÜBUNG

Wandeln Sie bitte das Bild „Obst“ über **Bild: Modus: RGB-Farbe** um. Beachten Sie, daß dabei die Dateigröße 3-fach zunimmt. Es existieren nun drei getrennte Kanäle in Ihrem Bild. Auf Monitoren mit 8-Bit-Grafikkarten wird die Anzeigequalität merklich schlechter, da nun intern mit konstanter Farbpalette gearbeitet wird. Sichern Sie das umgewandelte Bild bitte unter einem neuen Namen.

5.4.6 CMYK-Farbe

Das CMYK-Bild ist – ähnlich wie das RGB-Bild – aus mehreren Kanälen zusammengesetzt. Statt dabei jedoch das additive Farbmodell des Monitors zugrundezulegen, orientiert es sich an dem drucktechnischen Vorgehen bei der Vierfarb-Separation: Dabei wird jede Farbe in ihre Cyan-, Magenta-, Gelb- und Schwarzanteile zerlegt, so daß die Farbinformation des Bildes auf vier Kanäle verteilt wird. Dabei ist die Schwarzkomponente strenggenommen überflüssig, da sich theoretisch mit den drei physikalisch reinen Grundfarben Cyan, Magenta und Gelb jede beliebige Farbe mischen läßt (s. auch Kap. 6.1, 6.3 und 6.4). Aufgrund chemischer Beschränkungen hinsichtlich hundertprozentig reiner Druckfarben hat sich jedoch die Verwendung von Schwarz als vierter Druckfarbe etabliert, so daß dieses Modell von Photoshop im CMYK-Modus zugrundegelegt wird.

5.4.7 HSB-Farbe und HSL-Farbe

Diese beiden Farbmodelle werden in älteren Versionen von Photoshop unterstützt, sind jedoch ab Version 3.0 nicht mehr direkt zugänglich. Da HSB jedoch weiterhin bei der Farbwahl eine Rolle spielt, werden die Modelle hier kurz angesprochen.

HSB-Farbe

Das HSB-Bild (für Hue, Saturation, Brightness) findet zwar keine direkte Entsprechung in technischen Verfahren wie Fernsehen oder Drucktechnik; für unser Farbverständnis aber ist es wesentlich einfacher, Farben über Farbton, Sättigung und Helligkeit zu definieren als über ihre Grundfarbkomponenten. Wenn Sie beispielsweise ein mittelhelles Altrosa benötigen, müßten Sie im RGB-Modus wahrscheinlich lange experimentieren, bis Sie herausgefunden hätten, daß Sie dazu ca. 92% Rot, 50% Grün und 45% Blau benötigen. Im HSB-Modell dagegen leuchtet es viel eher ein, daß man als Farbton zunächst Rot benötigt, dieses dann auf Rosa abtönt, indem man die Sättigung reduziert, und schließlich durch Verringern der Helligkeit das gewünschte Altrosa erreicht.

Wie das HSB-Modell anschaulich als Farbzylinder dargestellt werden kann, ist in Kapitel 6.5 gezeigt.

HSL-Farbe

Die HSL-Darstellung eines Bildes (Hue, Saturation, Luminance) entspricht weitgehend dem HSB-Modell.

Im Gegensatz zum HSB-Modell, das man sich anschaulich als eine zylinderförmige Anordnung von Farben vorstellen kann (s. auch Kap. 6.5), kann das HSL-Modell besser als Doppelkegel dargestellt werden, der an seinen Spitzen oben Weiß und unten Schwarz enthält. Die Spektralfarben verteilen sich auf der Peripherie.

5.4.8 Lab-Farbe

Dieser Modus ersetzt in Photoshop 3.0 die bisherigen Farbmodelle HSB und HSL. Lab-Farbe ist ein international genormter Standard für die Repräsentation von Farben. Die Bildinformation wird in einem „Helligkeitskanal" (Luminance) und in zwei Farbkanälen (a und b) gespeichert (vgl. Kap. 6.6).

5.4.9 Mehrkanal

Der Begriff „Mehrkanalbild" dient als eine Art Platzhalter für alle Bildtypen, die aus mindestens zwei Kanälen bestehen, ohne aber direkt RGB-, Lab- oder CMYK-Bilder zu sein. Das können also sowohl Graustufenbilder sein, denen weitere Kanäle hinzugefügt wurden, oder aber z. B. ein RGB-Bild, von dem ein Kanal entfernt wurde.

5.4.10 Farbtabelle

Nur im Modus „Indizierte Farben" besteht die Möglichkeit, die Farbtabelle eines Bildes gezielt zu verändern. Farbtabellen können auch gespeichert und geladen werden. Über speziell angepaßte Farbtabellen kann auf Monitoren mit nur 256 Farben eine befriedigendere Bilddarstellung erreicht werden und es sind spezielle Verfremdungseffekte durch Falschfarbendarstellung möglich.

5.4.11 CMYK-Vorschau

Diese im RGB-Modus verfügbare Option versucht die spätere Druckausgabe, die über das CMYK-Modell erfolgt, am Bildschirm zu simulieren. Es wird also im RGB-Modell gearbeitet (weniger Daten!), aber das CMYK-Modell angezeigt.

5.4.12 Farbumfang-Warnung

Viele der im RGB-Modell auf dem Montor darstellbaren Farben können nicht über eine Vierfarbseparation in CMYK gedruckt werden. Besonders leuchtkräftige Blau- und Grüntöne sind von dieser Einschränkung betroffen. Über **Ablage: Voreinstellungen: Transparenz & Farbumfang-Warnung...** können Sie einen Modus einstellen, in dem Sie die nicht druckbaren Farben bereits im RGB-Modus erkennen können.

5.5 Pfade

Sie haben in Photoshop die Möglichkeit, eine Auswahl nicht nur in Alpha-Kanälen abzulegen, sondern sehr viel platzsparender als sogenannte „Pfade". Pfade sind der einzige Programmteil, der mit grafischen Objekten arbeitet, und zwar mit sogenannten Bezier-Kurven. Sie können jede Auswahl in einen entsprechenden Pfad umwandeln und zurück. Wenn Sie einen Pfad aber in eine Auswahl und wieder zurück verwandeln, können Sie nicht mehr davon ausgehen, daß er wieder durch die exakt gleichen Randpunkte und Richtungen definiert ist, mit denen Sie ihn ursprünglich erstellt hatten. Es treten im Prinzip die gleichen Probleme auf wie bei der Umwandlung jeder Rastergrafik in eine Objektgrafik (s. Kap. 1.2.4).

Für die Erzeugung und Verwaltung von Pfaden steht in Photoshop 4.0 eine eigene Palette zur Verfügung, die über **Fenster: Pfade einblenden** angezeigt werden kann. Die Erstellung eines Arbeitspfades erfolgt mit der „Zeichenfeder", welche sich in der Werkzeugleiste befindet (s. Kap. 7.7). In Photohop werden die Paletten für Ebenen, Kanäle und Pfade zusammen auf einer logischen Ebene verwaltet.

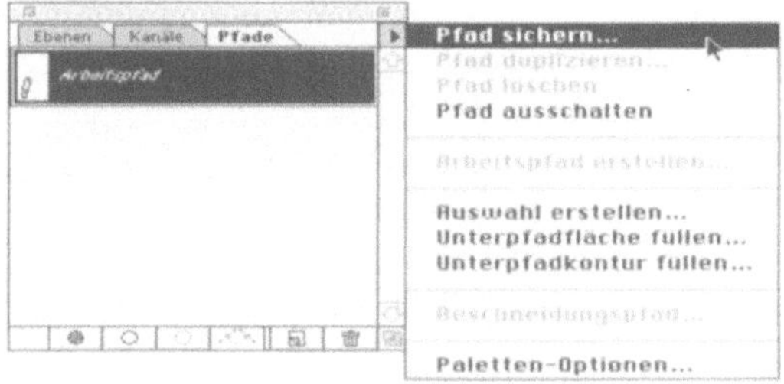

5.6 Ebenen und Transparenz

Ebenen sind ab der Version 3 von Adobe Photoshop verfügbar. Die Bedienungselemente für Ebenen sind über das Menü **Fenster: Ebenen einblenden** zugänglich. In Version 4.0 haben die Ebenen zusätzlich ein eigenes Menü erhalten und werden viel stär-

ker genutzt. Ebenen verhalten sich wie mehrere vollständige Bilder, die in derselben Datei gespeichert sind und ähnlich aufeinandergelegten Transparentfolien angezeigt werden. Die Verwaltung der Ebenen erfolgt in einer Palette, die normalerweise zusammen mit den Kanälen, Pfaden und Aktionen in einem Fenster dargestellt wird. Ebenen zeigen auch in der Handhabung gewisse Analogien zu Kanälen und Pfaden. Ein Bild kann in Photoshop aus maximal einer undurchsichtigen Hintergrundebene sowie aus vielen davorliegenden transparenten Ebenen bestehen.

Ebenen können gegeneinander verschoben, einzeln bearbeitet, ein-/ausgeblendet oder gelöscht werden. Durch Bewegen einer Ebene in der Ebenenpalette können Sie die Stapelreihenfolge verändern.

Bilder mit mehreren Ebenen benötigen allerdings sehr viel Speicherplatz; ein Grund, viele Probleme doch noch mit den vergleichsweise sparsameren Kanälen zu lösen.

Weitere Informationen zum Thema Ebenen finden Sie in Kapitel 11: „Arbeiten mit Ebenen“.

Die Farbsysteme

6 Die Farbsysteme

6.1 Grundlagen des Farbsehens

Weißes Licht besteht aus Anteilen von Licht aller für uns sichtbaren Spektralbereiche von Rot (ca. 800 nm Wellenlänge) über Orange, Gelb, Grün, Blau bis Violett (ca. 400 nm). Unsere Augen sind so aufgebaut, daß wir Farben, die sich an den beiden Enden des sichtbaren Spektrums befinden (Rot und Violett) wieder als ähnlich empfinden, so daß sich unser Farbempfinden als Kreis, dem Farbkreis, darstellen läßt.

Farbkreis mit Angabe der Wellenlängen, die vom menschlichen Auge wahrgenommen werden.

Spektral reines Gelb

Das Auge verfügt über drei unterschiedliche Sehzelltypen für Farbsehen (Zäpfchen), die auf die Farben rot (orangerot, 570 nm), grün (seegrün, 530 nm) bzw. blau (blauviolett, 440 nm) ansprechen. Je nach den Verhältnissen, in denen diese Zellen angeregt werden, haben wir einen anderen Farbeindruck. Das menschliche Auge ist daher nicht ohne weiteres in der Lage, reine Spektralfarben von Mischfarben zu unterscheiden, die im Farbkreis benachbart sind.

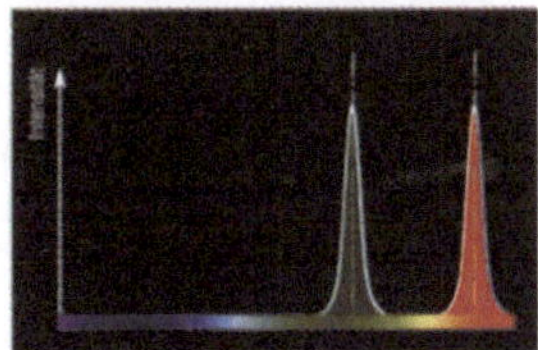

Mischfarbe Gelb

Jede wahrgenommene Farbe kann daher aus den drei sogenannten Primärfarben Rot, Grün und Blau der additiven Farbmischung (Lichtmischung) zusammengesetzt werden.

6.2 Additive Farbmischung und das RGB-System

Monitore und Farbfernseher setzen nach einem ähnlichen Prinzip Farben zusammen, wie das Auge sie wahrnimmt. Für jeden Bildpunkt kann der Intensitätswert der Farben Rot, Grün und Blau einzeln definiert werden (Lichtmischung).

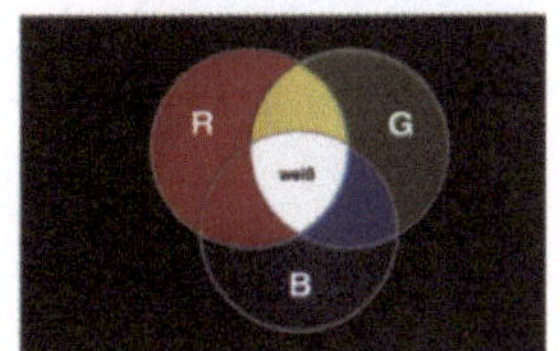

Lichtmischung (additive Farbmischung)

6.3 Subtraktive Farbmischung und das CMY (CMYK)-System

In der Drucktechnik wird mit absorbierenden Farben gearbeitet. Als Grundfarben werden hier die Farben Cyan, Magenta und Gelb (Yellow) verwendet. Obwohl durch Mischen dieser drei Farben eigentlich Schwarz erreicht werden sollte, entsteht dabei in der Praxis oft nur ein dunkler Braun- oder Grauton. In der Drucktechnik wird daher mit dem CMYK-System zur Vierfarbseparation gearbeitet, bei der für die Darstellung von Schwarz die Mischungen aller drei Grundfarben durch reines Schwarz ersetzt werden.

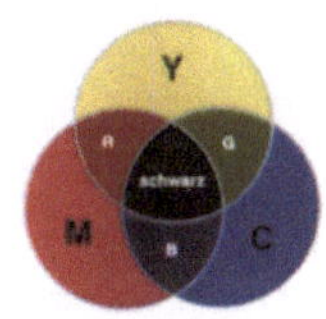

Mischung bei Lichtabsorbtion (subtraktive Farbmischung)

6.4 Der Farbwürfel

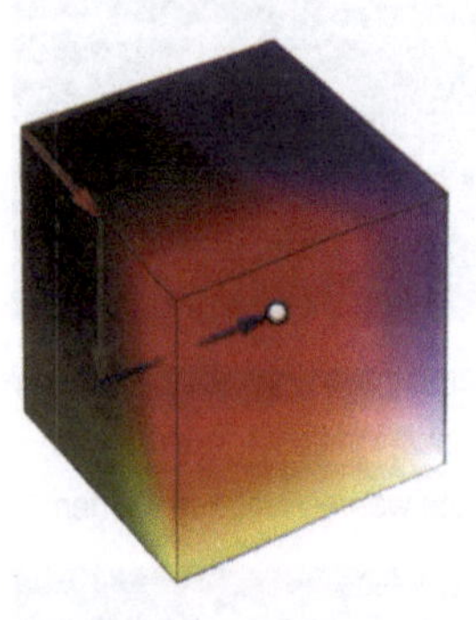

Beschreibung einer Farbe durch ihre Anteile an Rot, Grün und Blau oder an Cyan, Magenta und Gelb

Da jede wahrgenommene Farbe sich, wie wir gesehen haben, aus drei Grundfarben zusammensetzen läßt, liegt es nahe, diese Farben in einem Würfel übersichtlich anzuordnen.

In diesem Farbwürfel entspricht eine Ecke der Farbe Schwarz. Von hier aus werden die Intensitäten der drei Grundfarben Rot, Grün und Blau auf den drei Koordinatenachsen (Kanten) gemessen. So werden Lichtfarben aus Rot, Grün und Blau zusammengesetzt.

Dieselbe Farbe kann aber auch von der weißen Ecke aus durch ihre Anteile in Richtung Cyan, Magenta und Gelb erreicht werden. Von weißem Papier ausgehend, verwendet man diese Angaben der Anteile an Cyan, Magenta und Gelb.

Alle Grautöne liegen im Farbwürfel übrigens längs der Raumdiagonalen (gleiche Werte der Farbkomponenten).

6.5 Der Farbzylinder des HSB-Systems

Farbdarstellung in einem Zylinder beim HSB-System

Eine andere Möglichkeit, jede Farbe mit drei Koordinaten darzustellen, bietet das HSB-System. Man kann die Zusammenhänge am besten an einem Farbzylinder aufzeigen, bei dem die Helligkeit in der Zylinderachse aufgetragen ist. Da der Boden des Farbzylinders den Helligkeitswert 0 hat, ist er natürlich schwarz. In der Mittelachse liegen alle Grautöne, bis in der Mitte der oberen Zylinderfläche Weiß erreicht ist. Von der Mittelachse zur Peripherie steigert sich die Farbsättigung von Weiß bis zu den reinen Spektralfarben. Der Farbton schließlich ist als Winkel auf der Peripherie des Zylinders abgetragen.

Dieses Farbsystem ist z. B. dann besonders einsichtig, wenn bei konstanter Farbsättigung und Helligkeit nur der Farbton verändert werden soll. Dem in Adobe Photoshop alternativ verwendbaren Apple-Farbwähler liegt die HSB-Darstellung zugrunde. Sie sehen jeweils einen Schnitt durch den Zylinder und können die Schnittebene mit dem Rollbalken nach oben und unten verschieben.

6.6 Das CIE-L*a*b*-Farbsystem

Das CIE-L*a*b*-Farbsystem (vereinfacht CIE-LAB-System) ist eine weitere Möglichkeit, eine Farbe mit drei Koordinaten darzustellen. Der CIE-LAB-Farbraum ist als Kugel darstellbar. Im Rahmen von Colormanagement gewinnt diese Farbraumbeschreibung immer mehr an Bedeutung – sie wird von Herstellern von Color-Management-Systemen beinahe schon standardmäßig verwendet, um die Farbcharakteristik von Ein- und Ausgabegeräten zu definieren. Das CIE-LAB-System beruht auf der Gegenfarbtheorie des Farbensehens, welche besagt, daß eine Farbe nicht gleichzeitig Rot und Grün bzw. Blau und Gelb sein kann.

Rot/Grün und Blau/Gelb-Farbigkeit des CIE-Lab-Systems

Durch die Koordinate L* wird die Helligkeit der Farbe beschrieben. Die L*-Achse hat Werte von 0 (=Schwarz) bis 100 (=Weiß) und enthält alle Helligkeitswerte zwischen Schwarz und Weiß . Die Rot / Grün-Eigenschaft einer Farbe wird durch die Koordinate a* beschrieben, wobei -a* Grün und +a* Rot entspricht. Die Koordinate b* beschreibt die Blau / Gelb-Eigenschaft einer Farbe, hierbei entspricht -b* Blau und +b* Gelb. Alle Farben haben ihren Ursprung auf der L*-Achse, dort ist ihre Sättigung am geringsten. Die Farben an der Kugeloberfläche haben die größte Sättigung.

Die Werkzeuge von Photoshop

7 Die Werkzeuge von Photoshop

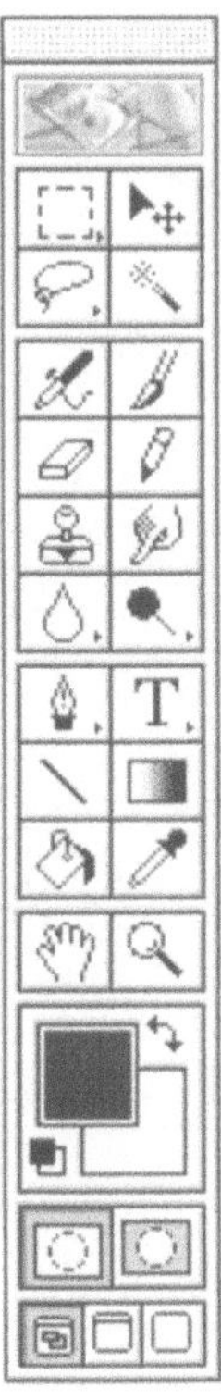

Diese Palette enthält alle grundlegenden Werkzeuge, die Sie zur Bearbeitung Ihres Bildes benötigen. Wählen Sie ein Werkzeug durch Klicken auf das entsprechende Symbol. Bewegt man die Maus bei losgelassener Maustaste über die aktive Zeichenfläche, ändert der Mauszeiger sein Aussehen entsprechend dem gewählten Werkzeug. Im oberen Teil der Palette finden Sie die vier angezeigten Werkzeuge zur Auswahl und Manipulation eines Bildbereiches (Auswahlwerkzeuge). Darunter stehen die eigentlichen Bearbeitungswerkzeuge im engeren Sinn. Diese haben wir unter der Bezeichnung Malwerkzeuge zusammengefaßt. Die danach folgenden sechs Werkzeuge sind unterschiedlicher Natur. Sie ermöglichen die Erstellung von Pfaden (siehe 7.7), Texten, Linien, Farbverläufen und einfarbig gefüllter Flächen. Die Pipette dient zur Ermittlung der Farbe eines Bildpunkts. Es folgen die beiden Werkzeuge zum Verändern der Bildansicht, Handwerkzeug und Zoomwerkzeug (Lupe). Schließlich folgen der Bereich zur Einstellung der Malfarbe und der Hintergrundfarbe, den wir im nächsten Kapitel besprechen werden, die Umschaltung zwischen Zeichenmodus (links) und Maskierungsmodus (rechts) sowie darunter die Symbole für die drei verschiedenen Bildschirmmodi. Wir werden in diesem Kapitel die Funktionen aller Auswahl- und Malwerkzeuge aus der Palette kennenlernen und üben. Die Werkzeuge lassen sich auch durch einen Kurzbefehl aufrufen (vgl. Marginalienspalte).

Durch Einschalten der Feststelltaste kann die Anzeige des Mauszeigers bei vielen der Werkzeuge für feinere Arbeiten auf ein Fadenkreuz umgestellt werden.

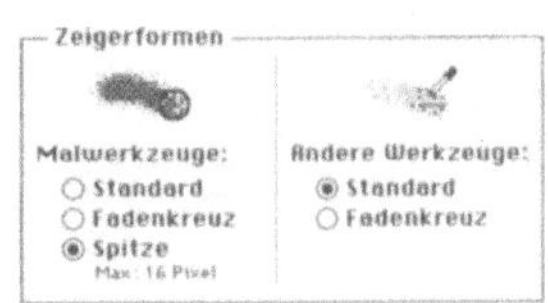

Eine entsprechende Einstellung ist auch über **Grundeinstellungen: Allgemeine...** wählbar. Dort kann auch definiert werden, daß die Werkzeuge mit ihrer aktuell gewählten Werkzeugspitze angezeigt werden.

Die meisten der Werkzeuge können Sie durch Doppelklick oder Wahltaste-Klick auf das Werkzeugsymbol in ihrer Wirkung voreinstellen. Die jeweils verfügbaren Möglichkeiten erscheinen als Optionen in einer Palette zusammen mit den Werkzeugspitzen. Wir werden die verfügbaren Einstellungen bei der Besprechung der einzelnen Werkzeuge kennenlernen.

7.1 Auswahlwerkzeuge

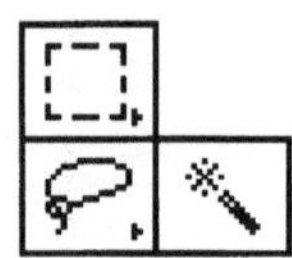

Verwenden Sie die Auswahlwerkzeuge Rechteck / Oval / Einzelne Pixelzeile / Einzelne Pixelspalte, Lasso / Polygon-Lasso und Zauberstab, um einen beliebig geformten Bereich im Bild zu markieren. Veränderungen des Bildes werden dann nur im ausgewählten Bereich wirksam. Wenn Sie keine bestimmte Auswahl markiert haben, wirken sich Änderungen (z. B. durch Malwerkzeuge oder veränderte Einstellungen) im gesamten Bild aus.

Wenn Sie zu einer vorhandenen Auswahl neue Pixel hinzufügen wollen, so müssen Sie während der Benutzung des Werkzeuges die Umschalttaste gedrückt halten.

Ähnlich können Sie durch Festhalten der Wahltaste Pixel aus einer gegebenen Auswahl entfernen (bei älteren Photoshop-Versionen wird hierzu die Befehlstaste verwendet).

Durch diese Funktionen in Kombination mit den Zoom-Möglichkeiten können Sie beliebig kompliziert geformte Auswahlen pixelgenau erzeugen. Verwenden Sie zum Vergrößern die Funktion **Ansicht: Einzoomen** und zum Verkleinern die Funktion **Ansicht: Auszoomen** aus der Menüleiste. Der Befehl **Ansicht: Ganzes Bild** paßt die Zoomstufe und die Fenstergröße des Bildes an die maximal auf Ihrem Bildschirm darstellbare Größe an. Der Befehl **Ausgabegröße** stellt Ihr Bild gemäß den Einstellungen im Bildgröße-Dialog in der Größe dar, in der es auch gedruckt wird. Um jedes Pixel des Bildes als ein Bildschirm-Pixel zu sehen, wählen Sie **Ansicht: Tatsächliche Pixel**.

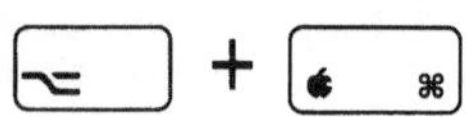

Eine Auswahlbegrenzung können Sie in älteren Photoshop-Versionen gegen den Hintergrund bewegen indem Sie die Begrenzung bei gedrückter Wahl- und Befehlstaste mit der Maus oder den Pfeiltasten verschieben. Dabei werden keine Bildpunkte verändert. Ab Version 4.0 wurde dieses Verhalten zum Standard, sie brauchen also die Tasten nicht mehr festzuhalten.

7.1.1 Rechteck / Oval / Einzelne Pixelzeile / Einzelne Pixelspalte

Der Buchstabe M selektiert das Auswahlrechteck als aktuelles Werkzeug bzw. schaltet zwischen diesem und dem Auswahloval um.

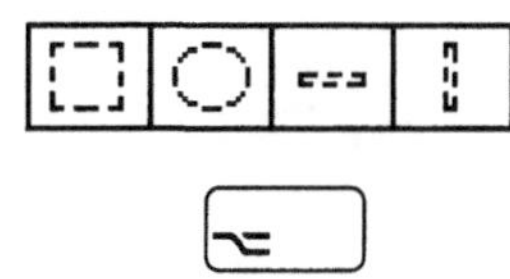

Durch Klicken auf das Werkzeug bei gedrückter Wahltaste können Sie schnell zwischen Rechteck, Oval, einzelner Pixelzeile bzw. Pixelspalte oder dem ebenfalls hier untergebrachten Freistellungswerkzeug (s.u.) umschalten. Diese vier Auswahlwerkzeuge arbeiten sehr ähnlich und erlauben es, rechteckige bzw. ovale Bereiche zu markieren.

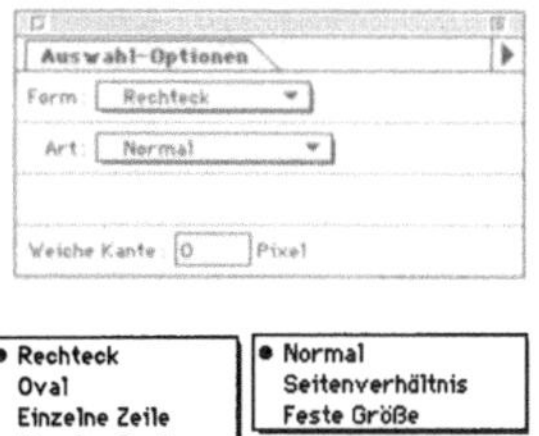

Ein Doppelklick führt zu der Palette mit den Optionen des Rechteck-/Oval-Auswahlwerkzeugs. Das Menü **Form** in der Palette bietet eine weitere Möglichkeit, zwischen den Varianten des Werkzeugs zu wechseln. Über die Auswahlmöglichkeiten bei **Art** ist eine Beschränkung auf konstante Größe oder auf bestimmte Höhe-/Breiteverhältnisse voreinstellbar.

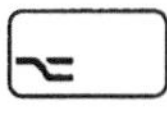

Durch Festhalten der Wahltaste, während Sie mit der Auswahl beginnen, können Sie den Bereich vom Zentrum aus definieren, statt über die beiden Ecken des Umfassungsrechtecks.

Wenn Sie die Umschalttaste drücken, während Sie das Werkzeug verwenden, erhalten Sie statt einer beliebigen rechteckigen oder ovalen Auswahl stets exakte Quadrate bzw. Kreise.

ÜBUNG

Öffnen Sie bitte das Dokument „Obst"; und markieren Sie die vollständige Orange mit dem Auswahloval von ihrem Zentrum ausgehend. Wählen Sie dabei bitte einen exakten Kreis. Sollte der Kreis nicht ganz zentral auf der Orange sitzen, so denken Sie bitte daran, daß Sie die Markierung der Auswahl jederzeit über das Bild verschieben können. Kopieren Sie anschließend die Orange durch Wegziehen bei gedrückter Wahl- und Befehlstaste. Jetzt existiert die kopierte Orange als schwebende Auswahl über dem Originalbild. Sie können sie nun mit der Maus an eine andere Position bewegen. Beachten Sie, daß mit **Bearbeiten: Kopieren** und **Bearbeiten: Einsetzen** in Photoshop Version 4 nicht das gleiche Ergebnis erzielt wird, da dabei automatisch eine neue Ebene für die Orange erzeugt wird.

7.1.2 Freistellungswerkzeug

Wenn Sie aus einem Bild nur noch einen bestimmten Bereich benötigen, können Sie unter Verwendung des Freistellungswerkzeuges überflüssige Bildteile entfernen.

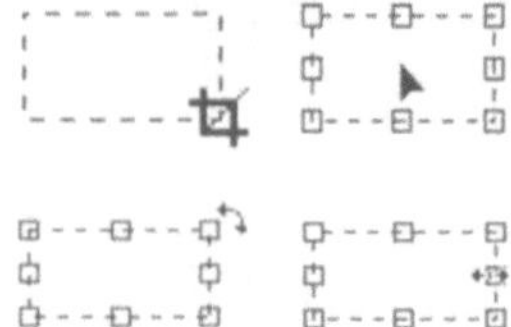

Ziehen Sie mit dem Werkzeug ein Rechteck um den interessanten Bereich. Es erscheint danach eine Markierung mit Griffen, die Sie noch mit der Maus feinjustieren können. Erst wenn Sie mit dem innerhalb des Rechtecks als Pfeilspitze dargestellten Mauszeiger doppelklicken oder die Eingabetaste betätigen, wird das Bild auf den gewählten Ausschnitt reduziert, die restlichen Teile werden verworfen. Das Freistellungswerkzeug kann auch durch den Befehl **Bild: Freistellen** angewendet werden.

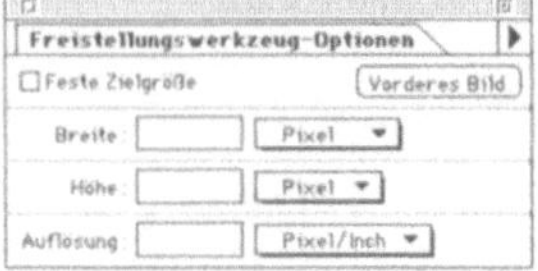

Sie können die gewünschten Maße und die vorgesehene Auflösung für den freizustellenden Bereich durch Doppelklick auf das Freistellungswerkzeug voreinstellen.

Außerhalb des ausgewählten Rechtecks wandelt sich der Mauszeiger in einen Doppelpfeil und symbolisiert dadurch die Möglichkeit, den freigestellten Bereich zu drehen. Der freigestellte Bildinhalt wird nach der Operation automatisch wieder horizontal ausgerichtet.

ÜBUNG

Stellen Sie bitte einen Teil des Bildes „Obst“ frei. Nehmen Sie anschließend die Aktion durch **Bearbeiten: Widerrufen: Freistellen** oder Befehlstaste-Z wieder zurück, damit Sie mit dem gesamten Bild weiterarbeiten können.

7.1.3 Lasso / Polygon-Lasso

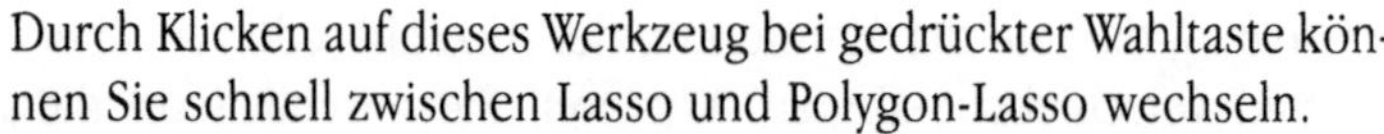

Durch Klicken auf dieses Werkzeug bei gedrückter Wahltaste können Sie schnell zwischen Lasso und Polygon-Lasso wechseln.

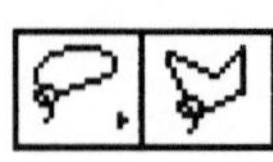

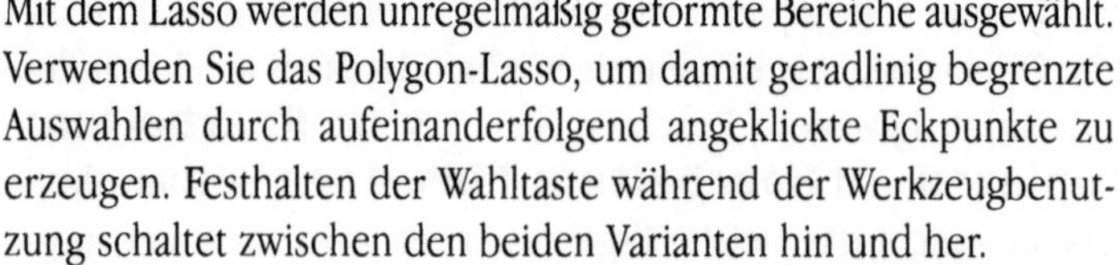

Mit dem Lasso werden unregelmäßig geformte Bereiche ausgewählt. Verwenden Sie das Polygon-Lasso, um damit geradlinig begrenzte Auswahlen durch aufeinanderfolgend angeklickte Eckpunkte zu erzeugen. Festhalten der Wahltaste während der Werkzeugbenutzung schaltet zwischen den beiden Varianten hin und her.

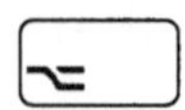

Bei früheren Versionen von Photoshop wird das Polygon-Lasso verfügbar, wenn Sie vor der Verwendung des Lasso-Werkzeuges die Wahltaste drücken und festhalten, während Sie die gewünschten Eckpunkte anklicken. Durch Ziehen der Maus bei gedrückter Maustaste kann das Polygon mit freihändig definierten Kurven gemischt werden. Sie dürfen die Wahltaste allerdings erst dann loslassen, wenn der ausgewählte Bereich geschlossen werden soll.

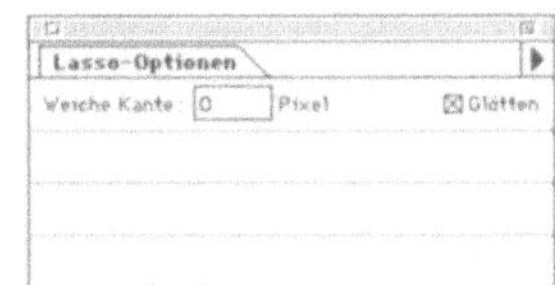

Durch Doppelklick kann das Lasso auf die gewünschte Weichheit der Auswahlkante eingestellt werden. Alle später in der Auswahl vorgenommenen Änderungen laufen entsprechend weich im Hintergrund aus.

Die Option „Glätten" erzeugt Antialiasing für die Auswahl, etwa vergleichbar mit einer sehr schmalen weichen Auswahlkante.

ÜBUNG

Wählen Sie bitte mit dem Lasso im Bild „Obst" die Zitrone aus. Nehmen Sie auch den Schatten der Zitrone mit in die Auswahl, und wählen Sie nacheinander **Bearbeiten: Kopieren**, **Auswahl: Auswahl umkehren** und **Bearbeiten: In die Auswahl Einsetzen**.

Abhängig davon, ob Sie in einem Modus arbeiten, der wie Graustufen, RGB oder CMYK mehrere Ebenen unterstützt oder z. B. mit Indizierten Farben, wird das gleiche Ergebnis auf verschiedene Weise erreicht. Bei Einebenen-Modi entsteht wie in früheren Photoshop-Versionen eine schwebende Auswahl, die sich mit dem Auswahlwerkzeug direkt bewegen läßt. In allen anderen Fällen wird stattdessen eine neue Ebene mit Ebenenmaske angelegt, die mit dem Bewegen-Werkzeug verschoben werden muß.

Wenn Sie nun die Zitrone mit der Maus wegziehen, sehen Sie, daß die neue Kopie hinter der originalen Zitrone hervorbewegt werden kann. Setzen Sie das Duplikat der Zitrone bitte zwischen die alte Zitrone und die Orange.

7.1.4 Zauberstab

Mit dem Zauberstab kann man sich das mühevolle Markieren einer Auswahl stark erleichtern, wenn die auszuwählenden Bereiche etwa die gleiche Farbe haben, und sich vor allem genügend vom Hintergrund abheben. Oft können Sie auf diese Weise sehr elegant komplizierte Objekte in einem Arbeitsschritt auswählen, z. B. ein rotes Auto oder eine gelbe Blume vor einem komplexen Hintergrund.

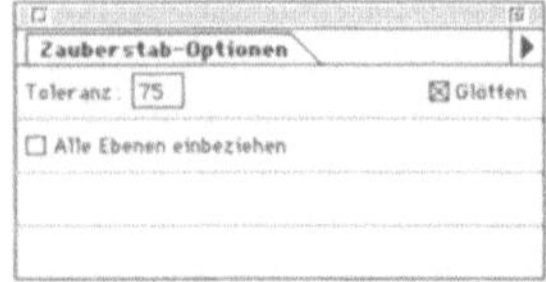

Das Werkzeug wählt bei einem Klick alle vom Ausgangspunkt erreichbaren Pixel aus, die in ihrer Farbe weniger als eine einstellbare Toleranzschwelle abweichen.

Wieder bewirkt die Option „Glätten", daß die entstehende Auswahl durch Antialiasing leicht weichgezeichnet ist.

ÜBUNG

Versuchen Sie, die zwei im Vordergrund liegenden Kirschen sowie deren Stiele und Schatten mit Hilfe des Zauberstabes zu aktivieren. Stellen Sie dazu das Zauberstabwerkzeug auf eine Toleranz von 75, und klicken Sie in das Zentrum der vorderen Kirsche. Sie werden bemerken, daß die hellen Lichtreflexe auf den Kirschen nicht mit ausgewählt wurden. Erweitern Sie bitte die Auswahl um die Lichter unter Verwendung des Lassowerkzeuges zusammen mit der Umschalttaste.

7.2 Werkzeuge zur Ansichtsveränderung

Mit diesen Werkzeugen ändern Sie grundsätzlich keine Daten, sondern nur die Art, in der das Bild gerade angezeigt wird.

7.2.1 Hand-Werkzeug

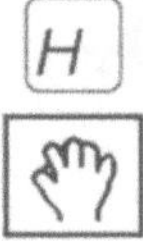

Das Hand-Werkzeug dient dazu, das Bild unter dem Fenster zu verschieben, falls es nicht ganz darin Platz findet. Wenn Sie gerade ein anderes Werkzeug gewählt haben, können Sie die Hand auch zwischendurch benutzen, indem Sie die Leertaste gedrückt halten.

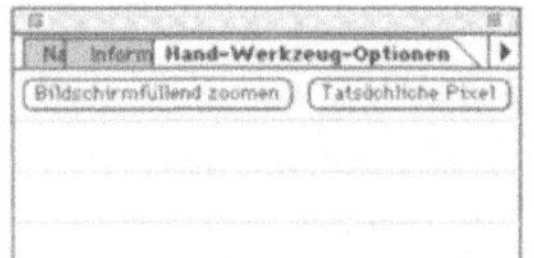

Doppelklick führt wie üblich zu den Werkzeugoptionen, die sich auf nebenstehende selbsterklärende Schaltflächen beschränken.

ÜBUNG

Vergrößern Sie das Bild „Obst", bis es nicht mehr vollständig sichtbar ist. Bewegen Sie nun das Bild im Fenster mit dem Hand-Werkzeug, indem Sie die Leertaste festhalten.

7.2.2 Zoomwerkzeug (Lupe)

Oft ist es wünschenswert, ein bestimmtes Detail Ihres Bildes vergrößert zu betrachten, um es exakter bearbeiten zu können.

Wählen Sie dazu das Zoomwerkzeug (der Mauszeiger wird zu einer Lupe mit Pluszeichen) und klicken Sie anschließend auf den zu vergrößernden Teil des Bildes. Sie können die Lupe auch mehrfach anwenden, wobei das Bild jeweils um einen bestimmten Prozentsatz vergrößert wird. Der aktuelle Abbildungsungsmaßstab wird hinter dem Namen des Bildes in der Titelleiste und in der linken unteren Ecke des Fensters angezeigt.

Um das Bild wieder verkleinert darzustellen, halten Sie bei ausgewähltem Zoomwerkzeug die Wahltaste gedrückt – der Mauszeiger verwandelt sich dabei in eine Lupe mit Minuszeichen, und ein Klick ins Bild verkleinert die aktuelle Bildansicht.

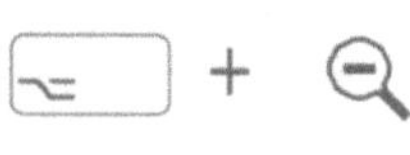

Mit dem Zoomfeld in der rechten oberen Ecke des Fensterrahmens können Sie die Fenstergröße automatisch der gesamten Bildgröße anpassen – natürlich höchstens bis zur Größe Ihres Bildschirms. In Photoshop 4.0 können Sie einen gewünschten Vergrößerungsmaßstab auch direkt einstellen, indem Sie den aktuellen Zoomfaktor in der linken unteren Ecke des Fensters mit dem neuen Wert überschreiben und die Eingabetaste drücken.

Einzoomen	⌘+
Auszoomen	⌘-
Ganzes Bild	⌘0
Tatsächliche Pixel	⌥⌘0
Ausgabegröße	

Die durch Doppelklick erreichbaren Werkzeugoptionen sind nahezu dieselben wie bei dem Hand-Werkzeug. Hinzu kommt lediglich die Möglichkeit, das Fenster bei Zoomvorgängen automatisch mitzuverändern oder nicht.

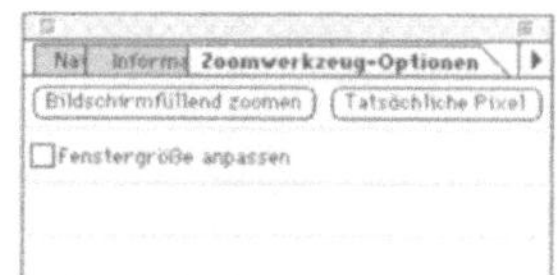

Weitere Möglichkeiten zur Einstellung der Vergrößerungsstufe bietet das Menü **Ansicht** über die Befehle **Einzoomen**, **Auszoomen**, **Ganzes Bild**, **Tatsächliche Pixel** und **Ausgabegröße**.

Tastaturkürzel: [⌘] + [+] bzw. [⌘] + [–]

Übung

Bitte benutzen Sie die Lupe mehrfach, um eine detaillierte Ansicht einer der Kirschen im Bild „Obst" zu erreichen. Vergrößern Sie bei Bedarf das Fenster mit dem Zoomfeld. Verwenden Sie anschließend den Menübefehl **Ansicht: Auszoomen** (oder das entsprechende Tastaturkürzel), um wieder zur 100%-Ansicht zu gelangen.

7.2.3 Navigatorpalette

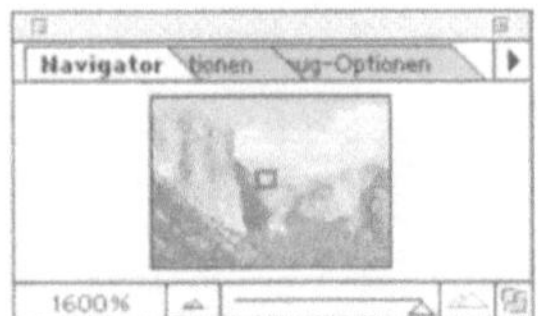

In Photoshop 4.0 gibt es ein neues Werkzeug zur Ansichtsveränderung, die Navigatorpalette. Über den Menübefehl **Fenster: Navigatorpalette** können Sie die Navigatorpalette ein- bzw. ausblenden. Mit dem Schieberegler in dieser Palette kann die Ansichtsgröße stufenlos eingestellt werden. Um schrittweise zu verkleinern bzw. zu vergrößern, klicken Sie in die Felder links bzw. rechts neben dem Schieberegler. Sie können im Zahlenfeld links unten den Abbildungsmaßstab genau eingeben. Dieses Feld bleibt aktiv, wenn Sie die Eingabe bei gedrückt gehaltener Umschalttaste bestätigen und kann daher mehrfach überschrieben werden. Der Inhalt des rechteckigen Auswahlfelds zeigt den Bereich des Bildes an, der im Fenster dargestellt wird. Durch Anklicken des Rahmens und Ziehen mit der Maus kann der dargestellte Bereich verschoben werden. Die Farbe des Rahmens ist über die Navigator-Optionen wählbar.

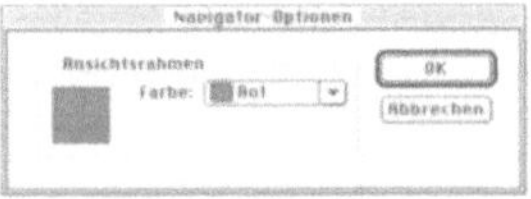

7.3 Malwerkzeuge

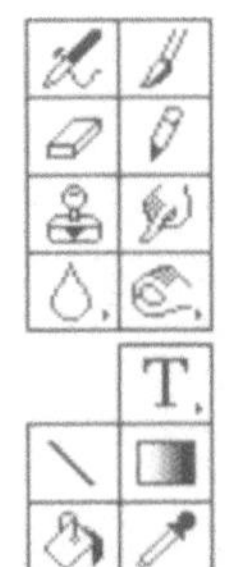

Im Gegensatz zu den bisher erwähnten Werkzeugen, mit deren Hilfe Sie eine Auswahl erstellen bzw. eine andere Anzeige des Bildes erreichen können, werden die Malwerkzeuge eingesetzt, um tatsächlich Teile des Bildes zu verändern, also Bildpunkte umzufärben. Etwas aus dem Rahmen fällt allerdings das Pipettenwerkzeug, das nur dazu dient, Farben aus dem Bild abzugreifen, und damit eigentlich kein wirkliches Malwerkzeug ist (Kap.7.3.5).

7.3.1 Textwerkzeug / Textmaskierungswerkzeug

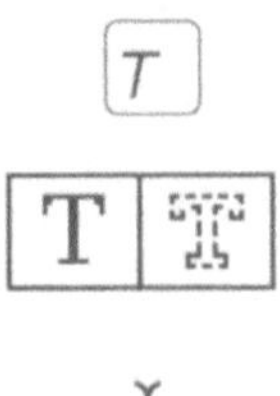

Das Textwerkzeug / Textmaskierungswerkzeug ist **nicht** durch einen Doppelklick voreinstellbar; vielmehr erscheint der auf der nächsten Seite abgebildete Dialog erst bei Positionieren des Textzeigers im Bild und Klicken mit der Maustaste. Man gibt den Text in diesem Dialogfenster ein, statt direkt auf der Zeichnung.

Das normale Textwerkzeug stellt den Text nach Schließen des Dialogfensters in der aktuellen Vordergrundfarbe dar. Ähnlich wie beim Einsetzen einer kopierten Auswahl (s. o.) reagiert das Textwerkzeug von Photoshop Version 4 etwas unterschiedlich bei Einebenen-Modi wie Bitmap oder Indizierte Farben bzw. bei Modi, die das Arbeiten mit mehreren Ebenen erlauben. Im ersten Fall entsteht der Text als schwebende Auswahl, im zweiten Fall hingegen wird eine neue Ebene mit Ebenenmaske erzeugt, in der transparente Bereiche geschützt sind.

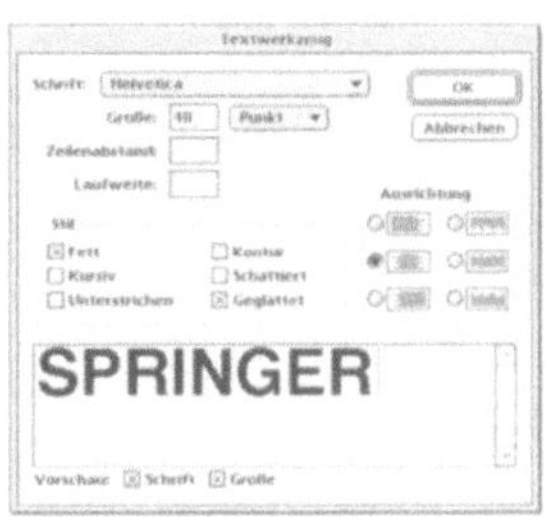

Der neue Text kann z. B. mit dem Radiergummi auf die Hintergrundfarbe geändert oder mit einem Farbverlauf versehen werden.

Bei Benutzung des Textmaskierungswerkzeugs erscheint der Text nur als Auswahl im Bild (nicht als schwebende Auswahl) und kann noch positioniert oder ggf. durch die Löschtaste auch wieder entfernt werden. Sie können die Textform nun z. B. mit den Zeichenwerkzeugen füllen, das Bild innerhalb der Auswahl in Helligkeit oder Farbton verändern oder etwa ein anderes Bild über **Bearbeiten: In die Auswahl einfügen** in den Text setzen. Beachten Sie, daß die Pixel des Bildes im Bereich des Textes sofort verändert werden , Korrekturen sind nur noch möglich, wenn Sie das Bild vorher gesichert hatten. In einem gesicherten Bild können Sie den magischen Radiergummi (siehe unten) anwenden, um den Text wieder zu entfernen.

Von den im Textdialog angebotenen Stilen ist vor allem die Option „Geglättet" sehr interessant, die ein sogenanntes „*Antialiasing*" durchführt. Die Pixel am Rand des Zeichens werden abgetönt dargestellt und die direkt benachbarten Hintergrundpixel ebenfalls entsprechend in ihrer Farbe angepaßt. Der Rand eines geglätteten Zeichens erscheint dadurch optisch erheblich glatter, als dies bei einem harten Übergang der Fall wäre. Diese Option steht beim Modus „Indizierte Farben" nicht zur Verfügung.

ungeglättet

geglättet

Nur bis einschließlich Version 3 von Photoshop besitzt das Textwerkzeug eine interessante Sonderfunktion in Zusammenhang mit einer noch schwebenden Auswahl. Sie können diese Funktion in den älteren Programmversionen anwenden, um Text richtig zu spationieren.

Wenn Sie die Befehlstaste festhalten, während das Textwerkzeug gewählt ist, verwandelt sich der Mauszeiger vom Texteingabesymbol in ein Lasso, mit dem Sie Teile aus der schwebenden Auswahl herausnehmen können. Die in der schwebenden Auswahl verbleibenden Teile können dann noch bewegt werden. So können

Text

schlecht spationierter Text

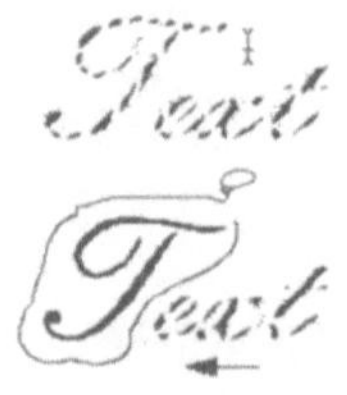
Spationieren von Text

Sie z. B. nacheinander einzelne Buchstaben aus einer schwebenden Textauswahl herausnehmen und das restliche Wort mit den Pfeiltasten nach rechts oder links verschieben, um die Buchstabenabstände zu korrigieren.

Trotz dieser Möglichkeiten der Textspationierung empfiehlt es sich, Texte normalerweise nicht direkt in ein Bild einzusetzen, sondern getrennt in einen Alpha-Kanal. Sie können diesen Text dann völlig frei manipulieren und erst später in das Bild übertragen. Wenn Sie die schwebende Auswahl in einer eigenen Ebene plazieren, kann der Text sogar verschoben werden.

Diese Methode, gewisse Teile aus der Auswahl herauszunehmen, funktioniert prinzipiell bei jeder schwebenden Auswahl, nicht nur bei Texten. Sie müssen nur zuvor das Textwerkzeug einschalten.

Ab Photoshop Version 4.0 ist diese Art der Spationierung nicht mehr erforderlich, Texte werden normalerweise über Ebenen eingesetzt, sie können somit jederzeit nachträglich spationiert werden.

Übung

Beschriften Sie bitte Ihr Bild mit einem Text von mindestens 72 pt Schriftgröße, und spationieren Sie die Zeichen durch Auswählen von Textteilen auf der neuen Ebene und Verschieben mit der Maus.

7.3.2 Füllwerkzeug

Das Füllwerkzeug arbeitet so, wie es sein Symbol, der Farbeimer, erwarten läßt: Es „gießt“ einen Bereich des Bildes mit der aktuellen Vordergrundfarbe aus. Wenn Sie mit ausgewähltem Füllwerkzeug an eine Stelle des Bildes klicken, werden angrenzende Bereiche ähnlicher Farbe wie der angeklickte Bildpunkt gefüllt.

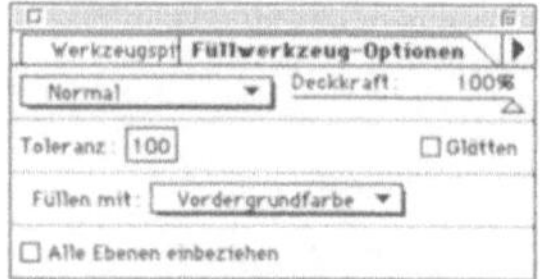

Was dabei als ähnliche Farbe gilt, können Sie nach Doppelklick auf das Werkzeug in der Optionen-Palette festlegen. Bei einer Toleranz von 0 werden nur diejenigen der angrenzenden Bildpunkte gefüllt, die exakt dieselbe Farbe wie der Klickpunkt haben – eine Situation, die bei realen Fotos selten vorkommen wird. Selbst Farben, die auf dem Bildschirm nicht zu unterscheiden sind, differieren oft um Nuancen. Je höher die Toleranz des Füllwerkzeugs gewählt wird, desto großzügiger bewertet es Farben als ähnlich.

ÜBUNG

Wählen Sie bitte das Füllwerkzeug (die Vordergrundfarbe sollte noch auf Schwarz eingestellt sein). Dann klicken Sie mitten in die vorderste Kirsche im Bild „Obst". Ein kleiner Bereich angrenzender Bildpunkte wird schwarz gefüllt. Machen Sie den Vorgang rückgängig, indem Sie im Menü **Bearbeiten** den Punkt **Widerrufen Füllwerkzeug** wählen. Doppelklicken Sie auf das Füllwerkzeug und stellen Sie eine Toleranz von 1 ein, klicken Sie anschließend wieder mitten in die Kirsche: Jetzt sind nur einige wenige Bildpunkte schwarz gefärbt. Widerrufen Sie nochmals und stellen Sie die Toleranz auf 50: Beim erneuten Klicken in die Kirsche sollte diese und die benachbarte Kirsche jetzt komplett schwarz gefüllt sein, die Umgebung jedoch unberührt bleiben.

7.3.3 Verlaufswerkzeug

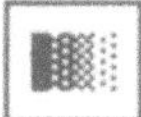

Mit dem Verlaufswerkzeug können Sie Teile Ihres Bildes mit einem allmählichen Farbübergang zwischen zwei oder mehr Farben füllen. Für die Gestaltung von Verläufen stehen in der Version 4.0 weitergehende Möglichkeiten als früher zur Verfügung. Bisher konnten nur Übergänge zwischen Vordergrundfarbe und Hintergrundfarbe bzw. der Übergang zu Transparent erzeugt werden; nun ist es möglich, Zwischenfarben in einen Verlauf einzufügen. Der Verlauf wird dabei in der aktuellen Auswahl erzeugt, sofern eine solche vorhanden ist; ansonsten wird die gesamte aktive Ebene gefüllt.

Um einen Verlauf zu erstellen, wählen Sie zunächst das Verlaufswerkzeug. Definieren Sie den Startpunkt des Verlaufs (an dem noch die Vordergrundfarbe erscheinen soll) durch einen Mausklick und halten Sie die Maustaste gedrückt. Ziehen Sie die Maus bis zum gewünschten Endpunkt; dabei deutet eine Linie die Verlaufsrichtung an. Wenn Sie die Maustaste anschließend loslassen, wird die Auswahl mit dem Verlauf gefüllt.

Beachten Sie, daß die Endpunkte der Linie nicht unbedingt innerhalb der Auswahl liegen müssen: Die Länge der Linie bestimmt, über welche Strecke der Verlauf insgesamt erfolgt; natürlich wird nur der in die Auswahl fallende Teil des Verlaufs tatsächlich sichtbar.

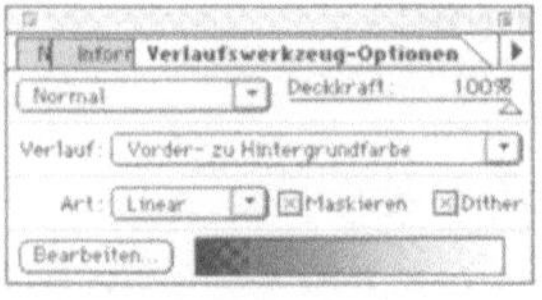

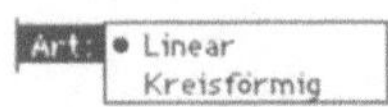

- Vorder- zu Hintergrundfarbe
- Vordergrundfarbe zu Transparent
- Transparent zu Vordergrundfarbe
- Schwarz & Weiß
- Rot & Grün
- Violett & Orange
- Blau, Rot & Gelb
- Blau, Gelb & Blau
- Orange, Gelb & Orange
- Violett, Grün & Orange
- Gelb, Violett, Orange & Blau
- Kupfer
- Chrom
- Spektrum
- Transparenter Regenbogen
- Transparente Streifen

Verläufe sind frei definierbar

Durch Doppelklick auf das Verlaufswerkzeug öffnen Sie einen Dialog, in dem Sie das Verhalten des Werkzeugs beeinflussen können:

Neben dem linearen Verlauf, den Sie bereits benutzt haben, gibt es noch kreisförmige Verläufe, wobei der Farbübergang von der Mitte aus kreisförmig nach außen läuft.

Der Farbbereich, über den sich der Verlauf erstreckt, läßt sich ebenfalls einstellen: Kontinuierlich wirkt der direkte Verlauf von Vordergrund- zu Hintergrundfarbe oder umgekehrt (RGB/CMYK-Verlauf), bei dem als Verlaufsfarben die direkte Verbindung der beiden Endfarben im Farbwürfel verwendet werden. Im Dialogfeld der Verlaufswerkzeug-Optionen können Sie zwischen den verschiedenen vorhandenen Verlaufsarten wählen. Um eigene Verläufe zu erstellen oder die vorhandenen Verläufe zu modifizieren, klicken Sie auf **Bearbeiten...**.

Im Dialogfeld **Verläufe bearbeiten** wählen Sie zunächst **Einstellen: Farbe**. Sie können einen neuen Verlauf erstellen, indem Sie auf **Neu** klicken und einen Namen eingeben. Die Anfangsfarbe läßt sich durch Klicken in das linke Feld direkt unter der Verlaufsleiste festlegen. Ein schwarzes Dreieck über dem Kästchen zeigt an, welche Farbe gerade bearbeitet wird. Durch Klick in das Farbfeld erscheint der Farbauswahl-Dialog. Alternativ können Sie die Farbe bei geöffneter Farbfelder- oder Farbregler-Palette auch daraus wählen. Durch Klicken auf das Kästchen rechts unter der Verlaufsleiste können Sie analog die Endfarbe auswählen. Um die aktuelle Vordergrund- und Hintergrundfarbe zu verwenden, klicken Sie auf das Symbol für Vorder- und Hintergrundfarbe. Die Position von Anfangs- und Endpunkt können Sie bestimmen, indem Sie das Kästchen mit der Maus anklicken und an die entsprechende Stelle der Verlaufsleiste ziehen oder die Position als Zahlenwert angeben. Um eine weitere Farbe zwischen Vorder- und Hintergrundfarbe einzufügen, klicken Sie zunächst auf das Symbol für eine Zwischenfarbe und dann an die entsprechende Stelle unter der Verlaufsleiste. Im Farbfeld können Sie der Zwischenfarbe eine Farbe zuweisen. Sie können eine Zwischenfarbe jederzeit wieder entfernen, indem Sie das Symbol einfach mit der Maus nach unten ziehen.

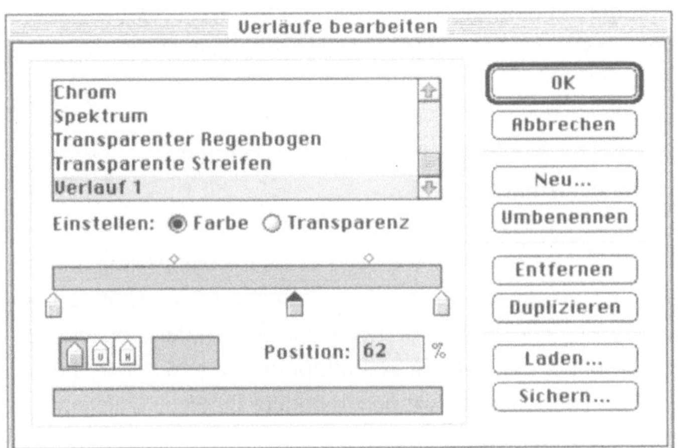

Das Dialogfeld „Verläufe bearbeiten"

Eine weitere Option ist die Deckkraft (0-100%), die darüber entscheidet, wie stark der Hintergrund durch den Verlauf hindurchscheint. Die Rautensymbole oberhalb des Verlaufsregler dienen dazu, die Position der halben Farbänderung zwischen den benachbarten Farben zu definieren und so auch nichtlineare Verläufe erzeugen zu können.

Bei kreisförmigen Verläufen legt der linke Farbregler den Startpunkt des Verlaufs fest (vom Kreismittelpunkt aus gerechnet).

Die Deckkraft an den verschiedenen Stellen des Verlaufs kann durch seine Transparenzmaske bestimmt werden. Die Transparenzmaske hat standardmäßig eine Deckkraft von 100 %. Wenn Sie im Dialog **Verläufe bearbeiten** die Option **Einstellen: Transparenz** wählen, können Sie die Transparenzwerte festlegen. Die Deckkraft von Anfangs- und Endfarbe wird verändert, indem Sie das entsprechende Kästchen unter der Transparenzleiste anklicken und ihm den gewünschten Wert zuweisen. Weiß steht für eine Deckkraft von 0 % und Schwarz für eine Deckkraft von 100 %. Das Verändern von Anfangs- und Endposition erfolgt analog zum Einstellen der Farbe. Das Einfügen / Entfernen einer Zwischendeckkraft funktioniert ebenso wie das Einfügen / Entfernen einer Zwischenfarbe.

Mit Hilfe der entsprechenden Schaltflächen des Dialogs können Sie Verläufe umbenennen, nicht mehr benötigte entfernen, vorhandene duplizieren, und bestehende sichern bzw. laden.

Den Modus, in dem die Maloperation durchgeführt wird, finden Sie auch in den meisten anderen Malwerkzeugen. Die wichtigsten Modi sind:

• Normal Sprenkeln Dahinter auftragen
Multiplizieren Negativ multiplizieren Ineinanderkopieren Weiches Licht Hartes Licht
Farbig abwedeln Farbig nachbelichten
Abdunkeln Aufhellen Differenz Ausschluß
Farbton Sättigung Farbton & Sättigung Luminanz

- Normal – Die Maloperation wirkt wie definiert und überdeckt dabei den Hintergrund.

- Abdunkeln – Hier wird während des Malvorgangs laufend verglichen, ob der zu zeichnende Bildpunkt oder der Hintergrund an dieser Stelle dunkler ist. Dabei entscheidet der dunklere der beiden über den endgültigen Bildpunkt, so daß hellere Bereiche dunkler übermalt werden, dunklere Bereiche dagegen unverändert bleiben.

- Aufhellen – Dieser Modus verhält sich genau umgekehrt wie „Abdunkeln“: Dunkle Bereiche werden mit helleren Farben übermalt, helle Bereiche bleiben unverändert.

- Farbton & Sättigung (Kolorieren) – In diesem Modus wird nur der Farbton des Malwerkzeugs verwendet, Helligkeit und Sättigung dagegen werden vom Hintergrund übernommen. Dadurch ist es möglich, Teile eines Bildes umzufärben, während deren Gestalt und Lichtverteilung erhalten bleibt.

Neben diesen viel benutzten Modi kennt Photoshop noch eine Menge „Exoten“, wie Sie der Abbildung links entnehmen können.

ÜBUNG

Erzeugen Sie ein neues Dokument im Graustufen-Modus mit weißem Hintergrund (Breite 5 cm, Höhe 3 cm). Benutzen Sie das Textmaskierungswerkzeug und erstellen Sie einen Text mit ca. 72 pt Schriftgröße. Wenden Sie das Verlaufswerkzeug von Weiß nach Schwarz an, um einen Verlauf von links nach rechts in der Schrift zu erzeugen. Wählen Sie dann **Auswahl: Auswahl umkehren** und erzeugen Sie in der neuen Auswahl einen entgegengesetzt verlaufenden Farbübergang im Hintergrund.

7.3.4 Linienzeichner

N

Mit dem Linienzeichner werden gerade Linien in der Vordergrundfarbe erzeugt, indem mit der Maus vom Start- zum Endpunkt gezogen wird. Dazu wird zunächst das Linienwerkzeug gewählt und

die Maustaste am gewünschten Startpunkt der Linie gedrückt. Bei weiterhin gedrückter Maustaste zieht man bis zum gewünschten Endpunkt. Dabei kann die Linie durch Festhalten der Umschalttaste auf eine horizontale, vertikale bzw. 45°-Richtung gezwungen werden. Wird die Maustaste losgelassen, entsteht eine Linie in der gewählten Vordergrundfarbe und Linienstärke.

Wie bei den anderen Werkzeugen auch, erreichen Sie durch Doppelklick auf das Linienwerkzeug den Dialog für die Werkzeugoptionen:

Über die Werkzeugoption „Form“ können Sie neben der Linienstärke auch Pfeilspitzen festlegen, die am Anfang, am Ende oder an beiden Enden der Linie erscheinen können. Außerdem lassen sich Breite, Länge und Rundung dieser Pfeilspitzen bestimmen. Nebenstehend sehen Sie einige Beispiele für Pfeile, die mit verschiedenen Einstellungen gezeichnet wurden.

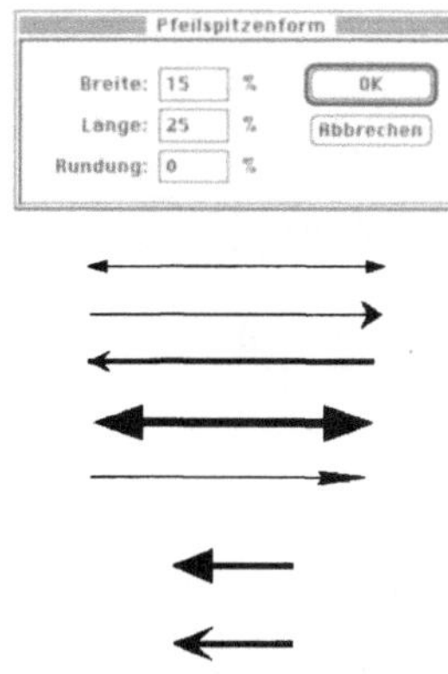

Übrigens ist „Rundung“ ein sehr ungeschickt gewählter Ausdruck. Der Wert, der in diesem Feld eingegeben wird, legt nämlich fest, wie stark die Pfeilspitze von hinten eingekerbt ist.

ÜBUNG

Schießen Sie bitte mit Hilfe einer Linie und einer zweiten Linie mit Pfeilspitze einen Pfeil durch die vorderste Kirsche im Bild „Obst“. Denken Sie dabei auch an die verschiedenen Möglichkeiten der Maskierung durch eine Auswahl.

7.3.5 Pipette

Die Pipette dient dazu, an einer bestimmten Stelle im Bild eine Farbe abzugreifen, um diese zur aktuellen Vordergrundfarbe bzw. Hintergrundfarbe zu machen. Oft kommt es vor, daß man eine Farbe verwenden möchte, die bereits im Bild vorhanden ist, wobei es meistens schwierig ist, genau diese Farbe mit den Farbwählern

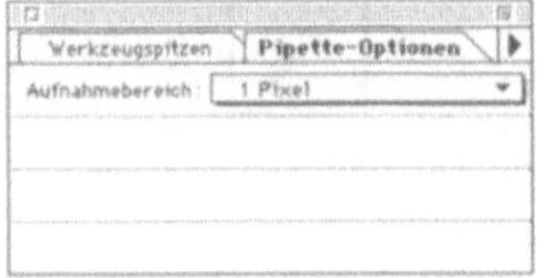

zu wählen oder in der Farbpalette zu mischen. In diesen Fällen empfiehlt sich der Einsatz der Pipette.

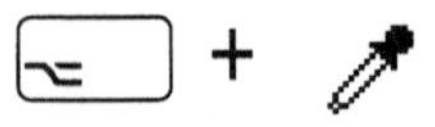

Wenn Sie mit gewählter Pipette im Bild klicken, wird die an der Klickposition im Bild vorhandene Farbe zur aktuellen Vordergrundfarbe. Um statt dessen die Hintergrundfarbe zu verstellen, halten Sie beim Klick die Wahltaste gedrückt.

Besonders in Farbfotos, die viele Farbübergänge in kleinen Flächen aufweisen, trifft man oft nicht auf Anhieb den gewünschten Bildpunkt. Um sich suchendes Umherklicken zu ersparen, können Sie die Pipette auch bei gedrückter Maustaste im Bild verschieben. Beobachten Sie dabei das Feld, das die Vordergrundfarbe anzeigt, bis Sie die gewünschte Farbe gefunden haben.

Bitte beachten Sie, daß Sie das Pipettenwerkzeug für das Verstellen der Vordergrundfarbe nicht unbedingt wie hier beschrieben direkt anwählen müssen. Wenn Sie ein beliebiges anderes Malwerkzeug gewählt haben, können Sie durch Festhalten der Wahltaste bequem zwischendurch auf die Pipette umschalten.

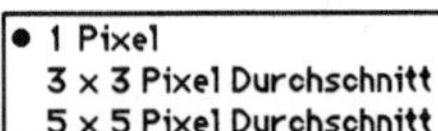

Aufnahmebereich der Pipette

Normalerweise nimmt die Pipette die Farbprobe exakt an einem einzelnen Bildpunkt. Besonders bei durch *Dithering* entstandenen Flächen ist das oft unerwünscht; man will den Farbwert über eine Anzahl Bildpunkte gemittelt erhalten. Sie können in den Werkzeugoptionen über „Aufnahmebereich“ eine Mittelungsfläche von 3 x 3 oder 5 x 5 Pixel festlegen.

Übung

Wählen Sie bitte mit der Pipette einen schönen Goldton aus einer der Zitronen und ersetzen Sie den schwarzen Pfeil in der Kirsche nun durch einen dickeren goldenen Pfeil.

7.3.6 Radiergummi

Der Radiergummi tut genau das, was Sie von ihm erwarten würden: Er radiert Bildteile weg. Die gelöschten Bereiche werden dabei durch die aktuelle Hintergrundfarbe ersetzt.

Der Radiergummi von Photoshop läßt sich sehr flexibel einstellen, so daß er sich fast wie ein Malwerkzeug verhält, das mit der Hintergrundfarbe malt.

Die Optionen im Bereich „Stiftandruck" sind nur mit einem druckempfindlichen Grafiktablett nutzbar.

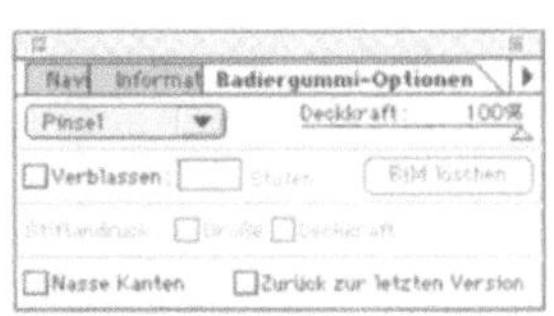

Über das Menü in der Palette der Radiergummi-Optionen läßt sich die Form und Größe des Radiergummis exakt definieren. Die Einstellung „Quadrat" bietet eine Werkzeugspitze, die unabhängig von der Darstellungsvergrößerung des Bildes ist. In 16facher Vergrößerung können Sie damit einzelne Pixel ausradieren.

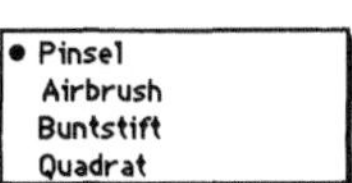

Ein Klick auf die Schaltfläche **[Ebene löschen]** löscht das gesamte Bild (Achtung: nicht nur die Auswahl!), allerdings nicht ohne Sie vorher um Bestätigung zu bitten.

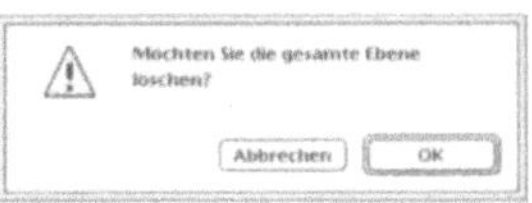

ÜBUNG

Versuchen Sie nun, die beiden vorderen Kirschen im Bild „Obst" wegzuradieren. Greifen Sie vorher mit der Pipette die Hintergrundfarbe neben den Kirschen aus dem Bild ab – vergessen Sie jedoch nicht, dabei die Wahltaste festzuhalten, um die Hintergrundfarbe zu wählen.

Mit dem „magischen Radiergummi", den Sie durch Festhalten der Wahltaste oder durch Auswählen von „Zurück zur letzten Version" erhalten, können Sie Ihr verändertes Bild auf die letzte gesicherte Version „zurückradieren". Voraussetzung hierfür ist allerdings, daß tatsächlich eine gesicherte Version im gleichen Modus (RGB, CMYK, Indizierte Farben etc.) Ihrer Zeichnung auf der Festplatte existiert.

ÜBUNG

Halten Sie nun die Wahltaste gedrückt, um mit dem „magischen Radiergummi" die fehlenden Kirschen wieder ins Bild „zurückzuradieren".

7.3.7 Buntstift

Mit dem Buntstift zeichnen Sie scharf begrenzte Linien in der Vordergrundfarbe, wobei Sie entweder Freihandlinien oder aber Geraden erstellen können.

Wählen Sie dazu zunächst den Buntstift aus der Werkzeugpalette, und klicken Sie anschließend an den Punkt, an dem die Linie beginnen soll. Zeichnen Sie mit gedrückter Maustaste, bis die Linie fertig ist.

Um statt dessen gerade Linien zu zeichnen, halten Sie die Umschalttaste gedrückt und klicken Sie jeweils auf den nächsten gewünschten Endpunkt der Linie.

Bitte beachten Sie: Der Buntstift zeichnet immer scharfkantige Linien, wohingegen der Linienzeichner geglättete Linien durch sog. Antialiasing erzeugt.

Durch Doppelklick auf das Buntstiftwerkzeug öffnen Sie wiederum die Palette mit den möglichen Werkzeugoptionen:

Die wichtigsten Modi des Popup-Menüs links oben wurden bereits beim Verlaufswerkzeug (Kap. 7.3.3) besprochen. Es sind die Modi Normal, Kolorieren, Abdunkeln und Aufhellen.

Eine Deckkraft von weniger als 100% läßt beim Malen von Anfang an den Hintergrund entsprechend durchscheinen. Diese Funktion sollte nicht verwechselt weden mit „Verblassen", das eine in mehreren Stufen zunehmende Änderung der Farbe auf die Hintergrundfarbe oder auf Transparent bewirkt.

Bei Verwendung eines druckempfindlichen Grafiktabletts kann der Druck verschiedene Eigenschaften modulieren. Die Einstellung „Größe" ändert die Werkzeugspitze, was einen kaligraphischen Effekt ergibt. „Farbe" erzielt eine ähnliche Wirkung wie diejenige, die man erhält, wenn von mehreren Schichten Wachsmalkreide die Farbe unterschiedlich tief abgekratzt wird. „Deckkraft" schließlich kommt der Wirkung von Pastellkreiden, Bleistift- oder Kohlezeichnungen nahe. Diese beschriebenen Effekte wirken allerdings noch wesentlich besser, wenn sie mit dem Pinselwerkzeug statt mit dem Buntstift eingesetzt werden.

Die Auto-Löschfunktion bewirkt, daß beim Malen auf Bildteilen, die bereits aus der Vordergrundfarbe bestehen, wieder auf die Hintergrundfarbe gelöscht wird.

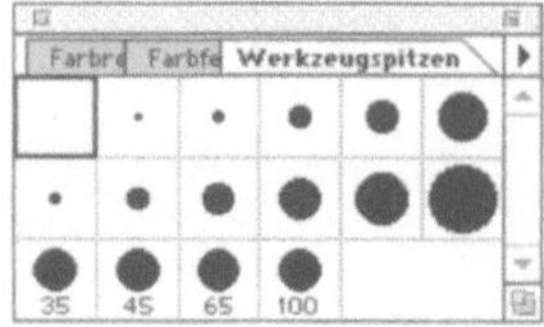

In der über **Fenster: Werkzeugspitzen einblenden** erreichbaren Palette „Werkzeugspitzen" können Sie Form und Größe der Buntstiftspitze wählen, neue Spitzen definieren oder löschen und ganze Sätze von Werkzeugspitzen über das unter dem Pfeil rechts oben in der Palette versteckte Menü laden und speichern.

Übrigens gilt für den Buntstift genau wie für die meisten anderen Malwerkzeuge, daß Sie während der Benutzung durch Festhalten der Wahltaste kurzzeitig zur Pipette umfunktioniert werden können. Dies ist die schnellste Methode, zwischendurch eine andere Vordergrundfarbe zu wählen, ohne vorher explizit auf das Pipettenwerkzeug und anschließend wieder zurück auf den Buntstift wechseln zu müssen.

ÜBUNG

Wählen Sie bitte bei eingeschaltetem Buntstiftwerkzeug mehrere Vordergrundfarben aus dem Bild, und probieren Sie den Stift mit den unterschiedlichen Farben aus.

7.3.8 Airbrush

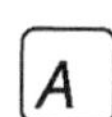

Die Airbrush (Sprühpistole) verwenden Sie, um weich begrenzte Farbzüge in der Vordergrundfarbe auf das Bild zu sprühen. Wählen Sie dazu die Airbrush, und sprühen Sie mit gedrückter Maustaste auf die zu färbenden Bildteile.

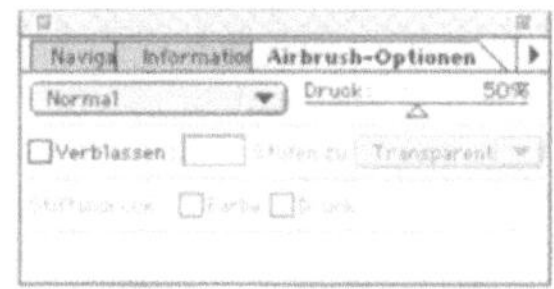

Die Werkzeugoptionen ermöglichen ähnliche Einstellungen, wie wir sie bereits vom Buntstift her kennen. Der Druck, den Sie zwischen 1% und 100% variieren können, entspricht dabei dem eingestellten Druck des herkömmlichen Airbrush-Kompressors.

Die Funktion für druckempfindliche Grafiktabletts steuert hier neben „Farbe" optional auch den „Druck" der simulierten Sprühpistole.

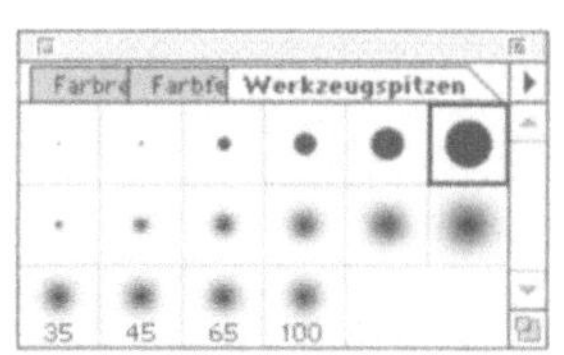

Durch Klicken auf das Feld „Werkzeugspitzen" gelangen verschiedene Werkzeugspitzen für die Airbrushs in den Vordergrund. Sie sind wie für das Pinselwerkzeug Graustufenbilder und können deshalb im Gegensatz zum Buntstift eine mehr oder weniger weich begrenzte Wirkung erzielen. Die Airbrush ist besonders geeignet, beim Gestalten von Bildern organisch wirkende Effekte und realistische Licht-/Schattenwirkungen zu erzielen.

Nehmen Sie einen gelben Farbton der Bananen auf, und besprühen Sie bitte die Bananen so, daß die allzu grellen Lichtreflexe kleiner werden.

7.3.9 Pinsel

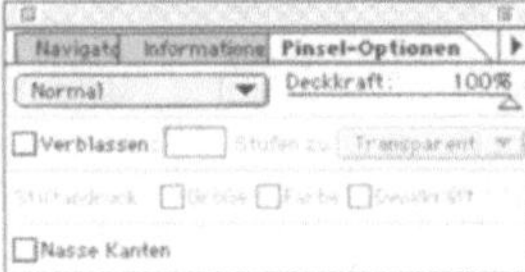

Der Pinsel funktioniert im wesentlichen wie der Buntstift; allerdings zeichnet er keine scharfkantig abgegrenzten Linien, sondern erzeugt weiche Kanten durch Antialiasing.

Die per Doppelklick auf das Pinselwerkzeug erreichbaren Werkzeugoptionen sind die gleichen wie für den Buntstift mit Ausnahme der Option „Nasse Kanten", die die Stelle der „Auto-Löschfunktion" des Buntstifts einnimmt. Mit dieser Funktion wird ein Effekt ähnlich Wasserfarben erzeugt, der die etwas dunklere Zeichnung entlang der Begrenzung des Pinselstrichs simuliert.

Wie schon bei Buntstift und Airbrush können Sie natürlich auch beim Pinsel die Form und Größe der Werkzeugspitze wählen. Beim künstlerischen Malen mit dem Pinsel ist es sogar besonders häufig nötig, die Pinselform zu ändern.

Sie finden bei einer normalen Installation im Photoshop-Ordner unter „Zugaben: Spitzen & Muster" ein Dokument mit der Bezeichnung „Verschiedene Spitzen"; darin stehen einige sehr schöne Werkzeugspitzen zur Auswahl. Hinweise zum Laden zusätzlicher Spitzen finden Sie in Kap. 7.3.7.

ÜBUNG

Versuchen Sie bitte, die den Kirschen am nächsten liegende Haselnuß mit einem kleinen Pinsel so nachzuzeichnen, daß sie sich etwas deutlicher von ihrem Schatten absetzt.

7.3.10 Stempel

Der Stempel ist wohl das vielseitigste Werkzeug, das Ihnen Photoshop zur Verfügung stellt. Der Stempel hat die Funktion, Bildteile aus verschiedenen Quellen in die Zeichnung zu übertragen.

Die einzelnen Modi des Stempels unterscheiden sich darin, woher und wie übertragen wird.

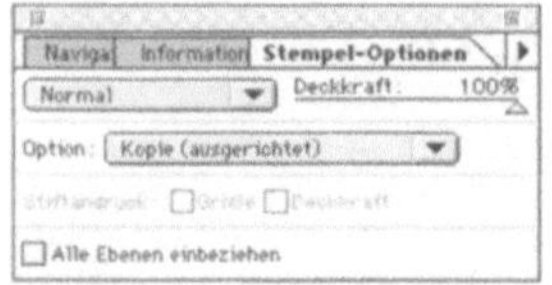

Kopie ausgerichtet und Kopie nicht ausgerichtet

Übertragen wird von einer anderen Stelle desselben oder eines anderen Bildes. Halten Sie die Wahltaste gedrückt, so daß der

Mauszeiger das ungefüllte Stempelsymbol zeigt. Klicken Sie dann an die Stelle, von der das Bild übertragen werden soll.

- • Kopie (ausgerichtet)
- Kopie (nicht ausgerichtet)
- Muster (ausgerichtet)
- Muster (nicht ausgerichtet)
- Zurück zum Schnappschuß
- Zurück zur letzten Version
- Impressionist

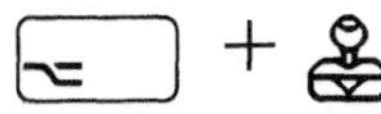

Wenn Sie jetzt ohne Wahltaste irgendwo im Bild zu zeichnen beginnen, erscheint ein Kreuzsymbol an der alten Stelle, von der das Bild abgenommen wird, und bei Bewegen des Stempels wird das Bild übertragen. Wenn Sie mit dem Werkzeug an anderer Stelle neu ansetzen, so wird weiterkopiert. Dies erfolgt bei ausgerichteter Kopie so, daß die einkopierten Stellen nahtlos aneinander passen. Bei nicht ausgerichteter Kopie hingegen wird jeweils eine neue Kopie begonnen.

Quellbereich und Zielbereich des Stempels können durchaus in verschiedenen Dokumentfenstern liegen.

Zurück zur letzten Version

Diese Funktion verhält sich ähnlich wie der magische Radiergummi (s. Kap. 7.3.6), allerdings sehr viel flexibler. Wenn eine gesicherte Version Ihres Bildes im gleichen Modus auf der Festplatte existiert (und nur dann!), können Sie pixelgenau auf diese alte Version zurückradieren. Dabei stehen Ihnen außerdem die üblichen Möglichkeiten wie Deckkraft etc. zur Verfügung.

ÜBUNG

Nehmen Sie die Zitrone ganz links auf und kopieren Sie sie als ausgerichtete Kopie rechts vorne vor die Nüsse. Wählen Sie dazu bitte keine allzu große Werkzeugspitze; sonst besteht die Gefahr, daß Sie über den Rand der Zitrone hinauskopieren. Sollte das trotzdem geschehen, so schalten Sie den Stempel einfach auf „Zurück zur letzten Version“ und radieren damit die zuviel kopierten Teile wieder weg.

Zurück zum Schnappschuß

Diese Option ermöglicht es, mit dem Stempelwerkzeug auf eine Teilsicherung des Bildes (erzeugt mit Bearbeiten: Schnappschuß aufnehmen) „zurückzuradieren“. Dadurch brauchen Sie Ihr Bild nicht so häufig mit **Ablage: Sichern** auf die Festplatte zu speichern. Dies hat den Vorteil, daß Sie weiterhin mit **Ablage:**

Zurück zur letzten Version auf die letzte Hauptversion zurückgehen können.

Muster und Muster nicht ausgerichtet

Sie müssen, um mit dieser Option arbeiten zu können, zunächst ein Füllmuster definieren. Umrahmen Sie dazu den gewünschten Bereich mit dem Auswahlrechteck, und wählen Sie aus dem Menü **Bearbeiten** den Befehl **Füllmuster festlegen**. Wenn Sie nun den entsprechend eingestellten Stempel verwenden, so entsteht an den übermalten Stellen eine Kachelung aus dem definierten Füllmuster.

Um ein Muster wie z. B. eine Marmorierung randlos fortsetzen zu können, müssen Sie natürlich darauf achten, daß an den Übergangsstellen keine Brüche auftreten. Dies können Sie mit einem kleinen Trick erreichen:

ÜBUNG

Achten Sie darauf, daß das Muster keine auffälligen Strukturen enthält. Kopieren Sie nun zunächst die linke Hälfte des Musters. Bewegen Sie die rechte Hälfte nach links und setzen die ehemals linke Hälfte rechts wieder ein. Dadurch ist gewährleistet, daß die Kachelränder rechts und links exakt aneinander passen, allerdings tritt nun in der Mitte des Bildes eine sichtbare Kante auf, die Sie (z. B. mit Stempel oder Wischfinger) retouchieren müssen. Wiederholen Sie die Prozedur nun für die obere und untere Hälfte Ihres Musters. Das Ergebnis ist Muster, das ohne sichtbare Nahtstelle fortsetzbar ist.

Definieren Sie bitte die angeschnittene Zitrone im Bild „Obst" als Füllmuster und malen Sie eine größere Fläche mit dem entsprechend eingestellten Stempelwerkzeug aus.

Impressionist

Bei dieser eher selten einsetzbaren Funktion wird der Farbwert des Pixels unter dem Stempel genommen und auf die ganze Stempelfläche verteilt.

7.3.11 Wischfinger

Das Wischfinger-Werkzeug simuliert die besonders bei Bleistiftzeichnungen beliebte Technik, einmal aufgetragene Farbe mit dem Finger zu verreiben. Der elektronische „Finger" hat dabei den Vorteil, daß er anschließend nicht gewaschen werden muß.

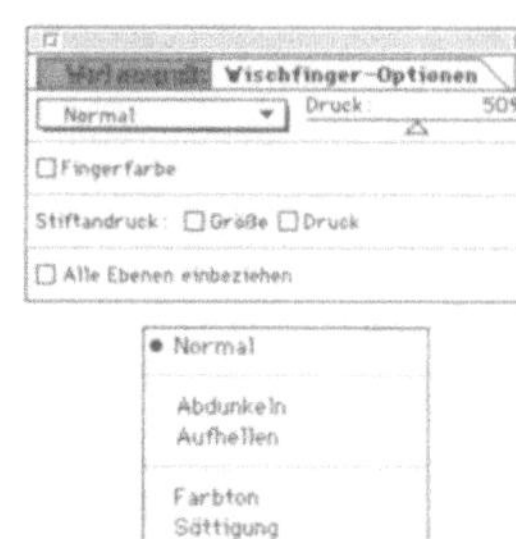

Zudem sind natürlich die schon von anderen Werkzeugen bekannten Variationen verfügbar. Insbesondere Abdunkeln und Aufhellen sind hierbei interessant, um nicht versehentlich wichtige Details im Bild zu verschmieren.

„Fingerfarbe" kombiniert den Verschmier-Effekt mit einem Maleffekt ähnlich dem bereits vorgestellten Pinsel-Werkzeug.

ÜBUNG

Radieren Sie bitte im Bild „Obst" die Nuß heraus, die rechts neben den beiden Kirschen im Vordergrund liegt (stellen Sie vorher die richtige Hintergrundfarbe ein). Auch mit der richtigen Hintergrundfarbe gelingt es nicht, die Nuß zu entfernen, ohne die umliegenden Schatten sichtbar zu beschädigen. Verwenden Sie jetzt bitte den Wischfinger, um die Radierkanten völlig unsichtbar zu machen.

7.3.12 Weich- / Scharfzeichner

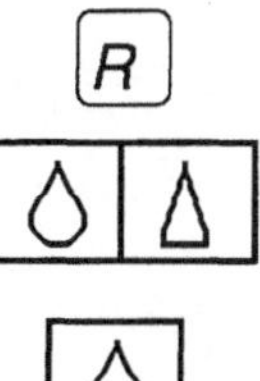

Dieses kombinierte Werkzeug ist – durch Wahltaste-Klick umstellbar – entweder ein Weich- oder ein Scharfzeichner; das entsprechende Symbol wird angezeigt.

Der Weichzeichner wird häufiger eingesetzt als der Scharfzeichner. Er funktioniert ungefähr ähnlich wie der Wischfinger, allerdings ohne die Spezifität der Richtung. Die Wirkung ist vielleicht am besten mit dem Einsickern von Wasser in ein Aquarell zu vergleichen, daher das Tropfensymbol. Die Farbe verteilt sich und verläuft bei der Anwendung zunehmend in der Umgebung. Das Werkzeug wird z. B. verwendet, um eventuell durch Montagen entstandene Kanten im Bild zu entfernen.

Die andere Variante des Werkzeugs, der Scharfzeichner, vergrößert den Farbunterschied zwischen benachbarten Bildpunkten; Kanten erscheinen daher schärfer. Aber Vorsicht! Bei zu starker Anwendung werden schließlich alle Farben auf die Grundfarben reduziert.

Man kann sich die Wirkung leicht anhand des oben besprochenen Farbwürfels erklären:

Die Farben von Nachbarpunkten entsprechen zwei Punkten im Farbwürfel. Um sie weiter voneinander zu entfernen, legt Photoshop eine gedachte Gerade durch diese Punkte und schiebt darauf die Farben auseinander. Wenn sie an den Wänden des Würfels ankommen, rutschen sie darauf weiter, bis schließlich jede Farbe in einer Würfelecke zu liegen kommt. Diese Punkte haben dann die größtmöglichen Abstände voneinander tragen eine der Grundfarben Schwarz, Weiß, Rot, Grün, Blau, Cyan, Magenta oder Gelb.

Die Wirkung des Weich-/Scharfzeichenwerkzeugs ist ähnlich der Wirkung der entsprechend benannten Filter, die wir noch kennenlernen werden (Kap. 9.3.2 u. Kap. 9.3.8).

7.3.13 Tonwertwerkzeug

Dieses durch Wahltaste-Klicken zwischen seinen drei Varianten umstellbare Werkzeug versucht direkt Vorgänge im Photolabor digital zu simulieren.

Während der Abwedler die Intensität der Belichtung reduziert, erhöht der Nachbelichter scheinbar die Belichtungsdauer. Mit dem Schwammwerkzeug kann Farbigkeit (Sättigung) aus dem Bild gewischt oder verstärkt werden.

Als Werkzeugoptionen wür das Tonwertwerkzeug stehen die Umschaltung zwischen den drei Varianten, die Intensität der Wirkung sowie die Einschränkung der Wirkung auf bestimmte Helligkeitsbereche zur Verfügung.

7.3.14 Zeichenstift / Pfadwerkzeuge

Der Zeichenstift und die Pfadwerkzeuge befinden sich in der Version 4.0 in der Werkzeugpalette. Durch Klicken bei gedrückt gehaltener Wahltaste können Sie schnell zwischen den einzelnen Werkzeugen wechseln. In der Version 3 von Photoshop befinden sich diese Werkzeuge in der Pfadpalette. Diese Werkzeuge werden im Kapitel 7.7 (Pfade) behandelt.

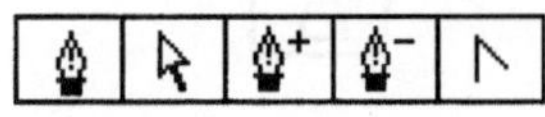

7.4 Maskierungsmodus

Der Maskierungsmodus läßt sich durch Klicken auf das rechte der abgebildeten Symbole einschalten.

In diesem Modus können Sie statt Ihres Bildes die Auswahl als durchscheinendes Graustufenbild mit allen Malwerkzeugen bearbeiten.

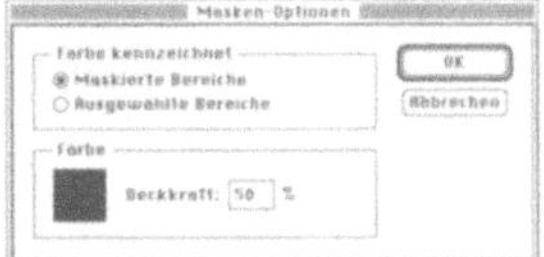

Durch Doppelklick auf das Maskierungssymbol kann eingestellt werden, in welcher Farbe und Intensität die Maske angezeigt wird, und ob abgedeckte oder freie Bereiche eingefärbt werden sollen.

Versuchen Sie, für die Maske eine Farbe zu benutzen, die in dem zu bearbeitenden Bild möglichst wenig vorkommt. Eine Einstellung von 50-60% für die Deckkraft ist im allgemeinen zu empfehlen.

Das Bearbeiten der Maske mit den Malwerkzeugen ist ein unschätzbares Hilfsmittel für komplexe Freistellungen, wie sie in der Praxis häufig vorkommen.

Vergessen Sie nicht, nach Beenden des Maskierens wieder auf den normalen Zeichenmodus umzuschalten.

7.5 Bildschirmaufteilung

Die Darstellung Ihres Dokumentes können Sie auf mehrere Weisen variieren:

Die Bildschirmmodi bestimmen, wie ein Bild auf dem Monitor dargestellt wird. Der jeweils aktive Modus wird unterstrichen. In dem linken und mittleren Modus können von einem Dokument mehrere verschiedene Ansichten öffnen, z. B. um gleichzeitig in verschiedene Vergrößerungsstufen zu sehen oder die Bearbeitung zu erleichtern (s. u.).

7.5.1 Fensterdarstellung

Das linke Symbol steht für die normale Darstellung in einem Macintosh- bzw. Windows-Fenster. Sie sollten diesen Modus normalerweise verwenden, insbesondere, wenn Sie Photoshop gleichzeitig mit anderen Programmen benutzen wollen.

7.5.2 Vollschirm-Modus mit Menüleiste

Über das mittlere Symbol erreichen Sie eine Vollbildschirm-Ansicht mit eingeblendeter Menüleiste; diese eignet sich besonders, wenn Sie unter Beibehaltung aller Bearbeitungsmöglichkeiten vermeiden wollen, durch dahinter sichtbare Objekte anderer Programme abgelenkt zu werden.

7.5.3 Vollschirm-Modus ohne Menüleiste

Rechts haben Sie die Möglichkeit, sich das Bild bildschirmfüllend auch ohne Menüleiste darstellen zu lassen. Jetzt stört nur noch die Werkzeugpalette die ästhetische Darstellung; diese wird aber natürlich benötigt, um in einen anderen Modus zurückschalten zu können.

Die Tabulatortaste löst das Problem: Sie blendet die Palette abwechselnd aus und ein.

7.6 Ansichten und Kanäle

Über **Fenster: Neue Ansicht** können Sie von einem Dokument mehrere Ansichten, also mehrere Fenster, gleichzeitig öffnen. Diese Möglichkeit gestattet es z. B., das Bild in verschiedenen Vergrößerungsstufen zu betrachten. Die vielleicht häufigste Anwendung mehrerer Ansichten besteht jedoch darin, verschiedene Kanäle des Bildes anzuzeigen, also verschiedene Farbauszüge oder Alpha-Kanäle, in die Sie etwa eine Auswahl gesichert haben. Wenn Sie eine neue Ansicht öffnen, so zeigt das Fenster zunächst immer den ersten Kanal bzw. bei Farbbildern den Kanal #0, der eigentlich kein wirklicher Kanal ist, sondern eine gemischte (farbige) Ansicht der drei oder vier Farbkanäle darstellt.

Über die Palette „**Kanäle**“ können Sie für jede einzelne Ansicht bestimmen, welcher Kanal in diesem Fenster gezeigt werden soll.

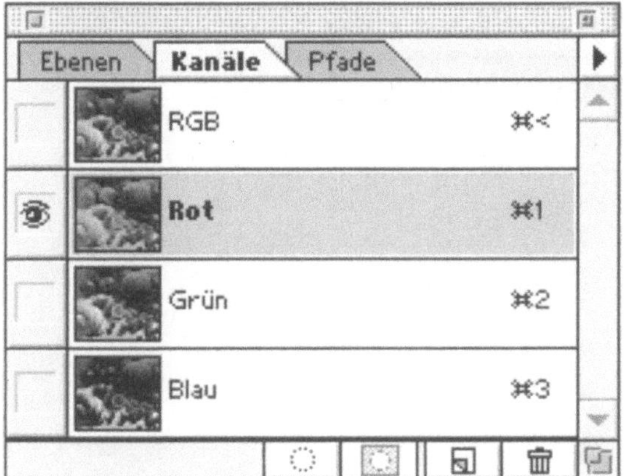

Fenster
Werkzeuge ausblenden
Navigator einblenden
Informationen einblenden
Werkzeug-Optionen ausblenden
Farbregler einblenden
Farbfelder einblenden
Werkzeugspitzen ausblenden
Ebenen ausblenden
Kanäle einblenden
Pfade einblenden
Aktionen ausblenden
✓© Früchte @ 100% (RGB)

Einblenden der Ebenen, Kanäle und Pfade

Neuer Kanal...
Kanal duplizieren...
Kanal löschen
Kanal-Optionen...
Kanäle teilen
Kanäle zusammenfügen...
Paletten-Optionen...

Die Symbole am unteren Rand der Kanalpalette stehen in der Reihenfolge von links nach rechts für die Befehle „Kanal als Auswahl laden", „Auswahl als Kanal sichern", „Neuen Kanal erstellen" und „Ausgewählten Kanal löschen".

Diese und weitere Befehle finden sich auch in dem PopUp-Menü, das über den Pfeil rechts oben im Palettenrahmen zugänglich ist.

ÜBUNG

Öffnen Sie bitte weitere Ansichten des Bildes „Obst", und stellen Sie die einzelnen Farbkanäle des RGB-Bildes in den Fenstern dar. Benutzen Sie für die Farbkanäle eine verkleinerte Darstellung.

7.7 Pfade

Wie bereits in Kapitel 5.5 angedeutet, werden Pfade hauptsächlich in ihrer gleichnamigen Palette verwaltet. Die fünf Varianten des Werkzeugs zur Erstellung und Bearbeitung der Pfade befinden sich allerdings in der Werkzeugpalette. Wir werden im folgenden näher auf die Handhabung der Pfade eingehen.

Das erstmals in der Version 2.0 von Photoshop enthaltene Werkzeug „Zeichenfeder" gestattet es Ihnen, Objekte, die durch Kurvenzüge begrenzt sind, bequem auszuwählen. Es wird ähnlich gehandhabt wie ein Kurvenlineal und erzeugt sogenannte „Bezier-Kurven". Sie können damit sowohl Kurvenpunkte mit einer Tangente als auch Knickpunkte mit zwei unterschiedlichen Tangentenrichtungen definieren.

Die Pfadpalette dient dem Arbeiten mit mehreren unterschiedlichen Pfaden

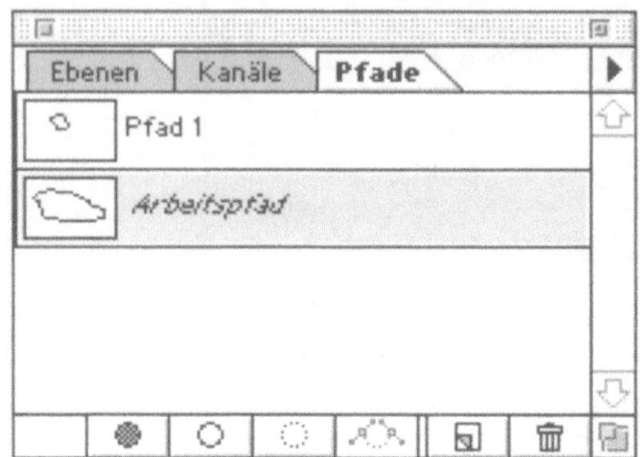

Die Symbole am unteren Rand der Pfadpalette stehen in der Reihenfolge von links nach rechts für die Befehle „Pfadfläche mit der Vordergrundfarbe füllen“, „Pfadkontur mit der Vordergrundfarbe füllen“, „Pfad als Auswahl laden“, „Arbeitspfad aus Auswahl erstellen“, „Neuen Pfad erstellen“ und „Ausgewählten Pfad löschen“.

Diese und weitere Befehle finden sich auch in dem PopUp-Menü, das über den Pfeil rechts oben im Palettenrahmen zugänglich ist.

Um den ersten Punkt einer Kurve mit der Zeichenfeder zu definieren, klicken Sie auf diesen Punkt und ziehen die Maus in Richtung der Kurve. Nun wird der nächste Punkt angeklickt. Im allgemeinen reicht es aus, die Knickpunkte und Wendepunkte einer Kurve zu definieren.

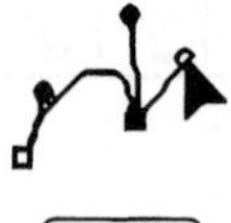

Knickpunkte erhält man, indem man nach dem Setzen eines Punktes die Wahltaste drückt und eine neue Tangentenrichtung aus dem Punkt herauszieht. Der Kurvenzug wird geschlossen, indem man wieder auf den Startpunkt klickt.

Mit der Zeichenfeder können Sie einen Arbeitspfad erstellen. Um einen Arbeitspfad in einen permanenten Pfad umzuwandeln, machen Sie einfach einen Doppelklick auf den Arbeitspfad in der Pfadpalette. Sie können den Pfad nun benennen. Eine weitere Möglichkeit, einen Arbeitspfad in einen Pfad umzuwandeln, ist den Arbeitspfad zu aktivieren und mit der Maus auf das Symbol für einen neuen Pfad zu ziehen. Der Pfad erhält dann den Namen Pfad 1, 2,.... Durch einen Doppelklick auf den Pfad-

Thumbnail kann der Name eines Pfades ggf. wieder verändert werden. Ein neuer Pfad läßt sich erstellen, indem Sie den Befehl **Neuer Pfad** aus dem Untermenü der Pfadpalette wählen.

Anstatt den Arbeitspfad unter Vergabe eines Namens zu sichern, können Sie ihn auch direkt in eine Auswahl umwandeln, indem Sie den Befehl **Auswahl erstellen** aus dem Palettenuntermenü wählen oder durch Klicken in das Symbol zum Erstellen einer Auswahl.

Das von uns (wegen des Aussehens des Symbols) als „Zeichenfeder" benannte Werkzeug heißt im Programm etwas unglücklich „Zeichenstift". „Kurvenlineal" wäre sicher auch ein Ausdruck, der der Funktion nahe käme.

ÜBUNG

Die Bananen des Bildes „Obst" eignen sich besonders für eine Definition der Auswahl mit Hilfe von Kurven. Klicken Sie dazu bitte an den mit 1 bezeichneten Punkt und ziehen die Maus bei gedrückter Maustaste in Richtung der Kurve. Lassen Sie nun die Maustaste los und drücken Sie die Maustaste an Punkt 2, ziehen Sie dann mit noch gedrückter Maustaste eine Tangente aus dem Punkt 2 heraus, die dem ersten Bogenstück folgt.

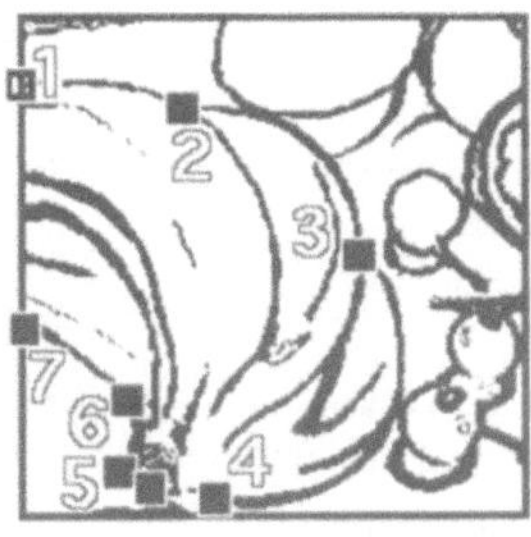

Ausschnitt des Bildes „Obst"

Ein längeres Tangentenstück führt zu einer flacheren Krümmung. Da sich dort die Tangentenrichtung ändert, drücken Sie bitte die Wahltaste und ziehen mit der Maus die neue Tangentenrichtung aus dem Knickpunkt heraus. Verfahren Sie ähnlich bei den folgenden Punkten bis 7. Wenn Sie nun den Mauszeiger wieder über Punkt 1 positionieren, so erscheint rechts neben dem Symbol der Zeichenfeder ein kleiner Kreis, der Sie darauf hinweist, daß Sie die Kurve mit dem nächsten Klick schließen werden.

Arbeiten Sie mit der Vergrößerung 200 %. Achten Sie bitte bei den Punkten 3 und 4 darauf, daß Sie die Tangente zuerst nicht so lange ziehen, wie es für den Bogen 3-4 eigentlich erforderlich wäre; sie ist sonst zu lang für die dichter liegenden Punkte 4, 5 und 6. Sie können die Tangentenstücke von Punkt 4 aus in Richtung Punkt 3 bzw. Punkt 5 nach Fertigstellen der Kurve dann unabhängig voneinander verlängern bzw. verkürzen.

Speichern Sie die geschlossene Kurve bitte unter der Bezeichnung „Bananenselektion", und erstellen Sie daraus eine Auswahl.

7.8 Hilfsmittel

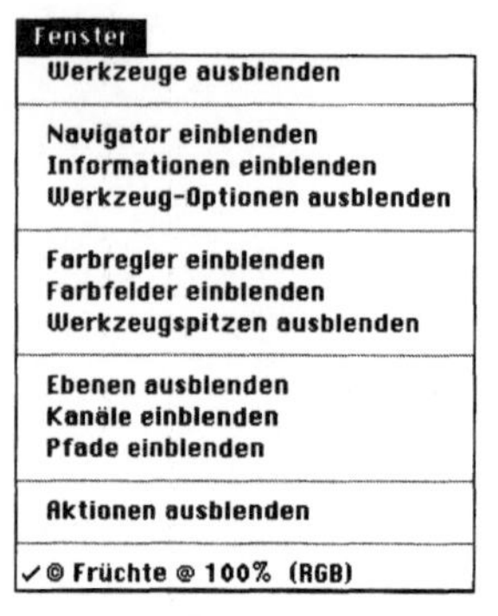

Im Menüs Fenster und Ansicht stehen einige Hilfsmittel zur Verfügung, die wir noch nicht angesprochen haben und die bei Bedarf ein- und ausgeblendet werden können. Dabei handelt es sich um das Lineal, das Raster, die Hilfslinien und um zusätzliche Paletten. Die wichtigste Palette allerdings, nämlich die Werkzeugpalette, findet sich nicht unter dieser Gruppe. Sie wird zum Arbeiten ständig gebraucht und kann nur über die Tabulatortaste zum ungestörten Betrachten von Bildern aus- bzw. eingeblendet werden.

Im selben Menü unten finden Sie übrigens alle offenen Fenster aufgeführt. Sie können daraus ein Fenster wählen und in den Vordergrund bringen, auch wenn es vollständig von anderen verdeckt wird.

7.8.1 Lineal

Sie können den Nullpunkt der Lineale verstellen, wenn Sie ihn mit der Maus aus dem Kästchen links oben zwischen den Linealen herausziehen. Das Lineal kann über **Ablage: Voreinstellungen: Maßeinheiten & Lineale...** auf die gewünschte Einheit eingestellt werden. Wenn Sie das Lineal nicht brauchen, sollten Sie es ausblenden, um nicht unnötig Platz zu vergeuden.

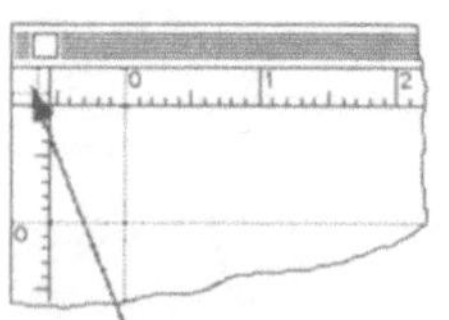

Hier den Nullpunkt herausziehen

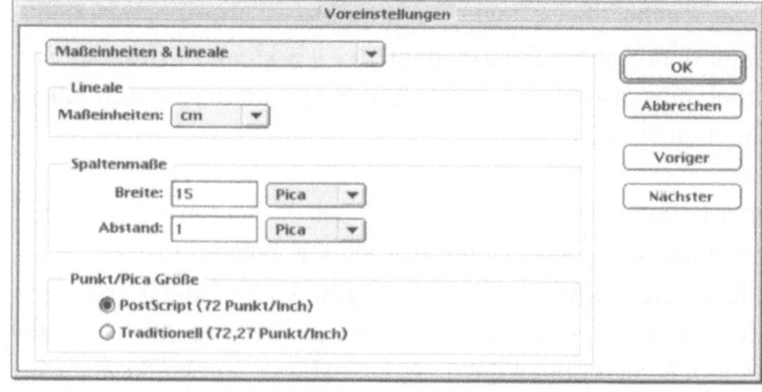

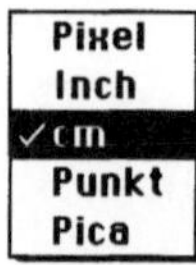

Wählbare Lineal-Maßeinheiten

ÜBUNG

Schalten Sie bitte die Lineale ein, und verschieben Sie den Nullpunkt aus der Bildecke heraus. Messen Sie den Durchmesser einer Orange.

7.8.2 Infofenster

Diese Palette dient zur exakten Analyse von Farben und Größen. Sie sehen dauernd, während sich der Mauszeiger im aktuellen Fenster befindet, die RGB- und CMYK-Anteile des Punktes unter dem Zeiger sowie die x/y-Position im Bild. Sobald Sie beginnen, eine Auswahl mit dem Auswahlrechteck oder dem Auswahloval zu ziehen, wird die Breite und die Höhe eingeblendet. Entsprechend werden die jeweils wichtigsten Informationen bei Verschiebungen, Drehungen etc. angezeigt.

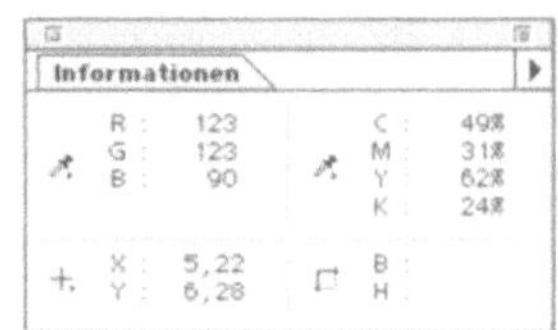

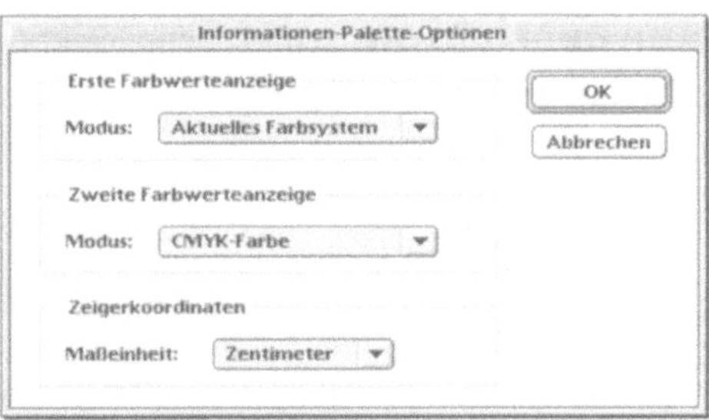

Farbsysteme für die Ausgabe in der Informationen-Palette

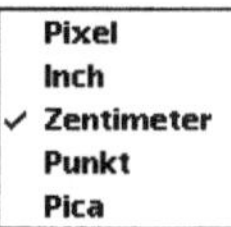

Farbsysteme für die Ausgabe in der Informationen-Palette

Über den Keil rechts oben im Palettenfenster erreicht man die Optionseinstellung für das Infofenster, in der Sie festlegen, in welchem Farbmodus und in welchen Maßeinheiten die Anzeigen erfolgen sollen.

ÜBUNG

Öffnen Sie bitte das Infofenster und beobachten Sie die RGB-Werte bei der Bewegung der Maus über das Bild.

7.8.3 Hilfslinien

Die Hilfslinien sind eine weitere Neuerung von Photoshop 4.0. Über das Menü **Ansicht Hilfslinien ein-/ausblenden** können die Hilfslinien angezeigt bzw. verborgen werden. Hilfslinien ermöglichen Ihnen die genaue Positionierung von Objekten, sie liegen über dem Bild und werden nur am Bildschirm angezeigt, aber nicht ausgedruckt. Um eine Hilfslinien über das Bild zu legen, ziehen Sie sie bei gedrückt gehaltener Maustaste aus dem horizontalen oder vertikalen Lineal heraus.

Im Menü **Ansicht** haben Sie die Möglichkeit, Hilfslinien zu fixieren bzw. wieder zu lösen oder alle Hilfslinien zu löschen. Um nur eine einzelne Hilfslinie zu entfernen, wählen Sie das Bewegen-

Werkzeug an und schieben die Hilfslinie mit gedrückt gehaltener Maustaste zurück in das Lineal. Wenn Sie im Ansichtsmenü den Befehl **An Hilfslinien ausrichten** anwählen, werden alle Anwahlbegrenzungen, Auswahlbereiche und Werkzeuge, die sich im Abstand von 8 Bildschirmpixeln zur Hilfslinie befinden an dieser ausgerichtet.

Sie können eine Hilfslinie an den Linealeinteilungen ausrichten, wenn Sie während des Ziehens mit der Maus die Umschalttaste gedrückt halten. Die Hilfslinien richten sich am Raster aus, sobald die Funktion **Am Raster ausrichten** aktiv ist. Beim Sichern des Bildes werden die Hilfslinien mitgespeichert.

Voreinstellungen für Hilfslinien & Raster

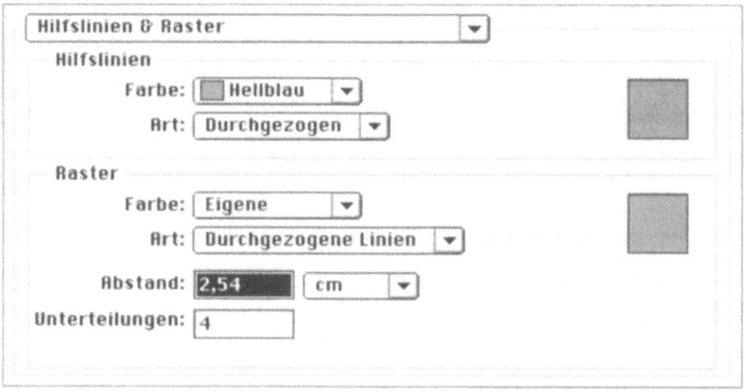

Hilfslinien & Raster
Hilfslinien
Farbe: Hellblau
Art: Durchgezogen
Raster
Farbe: Eigene
Art: Durchgezogene Linien
Abstand: 2,54 cm
Unterteilungen: 4

7.8.4 Raster

Das Raster ist ebenfalls eine Neuerung von Photoshop 4.0. Wie die Hilfslinien stellt auch das Raster eine Positionierhilfe dar. Über das Menü **Ansicht: Raster ein-/ ausblenden** können Sie das Raster sichtbar machen oder verbergen. Der Abstand zwischen den Linien des Rasters sowie deren Farbe und Form können eingestellt werden, indem Sie **Ablage: Voreinstellungen: Hilfslinien & Raster** wählen. Um Objekte am Raster auszurichten, wählen Sie **Ansicht: Am Raster ausrichten**. Ein Häkchen deutet nun an, daß diese Funktion aktiv ist. Durch ein erneutes Wählen des Befehls wird die Funktion wieder deaktiviert. Ist die Ausrichtung aktiv, richten sich alle Objekte, einschließlich der Hilfslinien, am Raster aus, sobald sie eine Entfernung von acht Bildpixel zur Rasterlinie haben. Die Einstellungen von Hilfslinien und dem Raster werden mit dem Bild gesichert.

7.8.5 Kontext-Menüs

Die Kontext-Menüs sind zusätzliche Hilfsmittel, um Befehle aufzurufen. Die in den Kontext-Menüs verfügbaren Befehle beziehen sich auf das aktive Werkzeug oder die angeklickten Elemente einer Palette. Sie erhalten die Kontext-Menüs, indem Sie beim Macintosh mit gedrückter Control-Taste ins Bild oder auf ein Element einer Palette klicken. Unter Windows klicken Sie stattdessen einfach mit der rechten Maustaste.

Bei den Malwerkzeugen können Sie z. B. im Kontext-Menü zwischen Werkzeugspitzen wechseln oder den Malmodus auswählen. Kanäle, Ebenen und Pfade können gelöscht oder dupliziert werden. Als praktisch erweisen sich die Kontext-Menüs auch, wenn sie auf eine Auswahl in der aktiven Ebene angewendet werden. Die Auswahl kann transformiert, verändert, gesichert, in einen Pfad umgewandelt oder gefüllt werden.

Wählen einer Farbe

8 Wählen einer Farbe

Photoshop bietet Ihnen eine Menge verschiedener Wege, eine Zeichenfarbe einzustellen, von denen Sie einige, z. B. die Pipette, schon früher kennengelernt haben:

- Der Apple-Farbwähler
- Der Adobe-Farbwähler
- Die Farbtafeln
- Pipettenwerkzeug anwählen
- Malwerkzeug und Wahltaste
- Die Farbpalette

Je nach Situation und persönlicher Arbeitsweise werden Sie Kombinationen dieser Methoden verwenden. Hier die bisher noch nicht besprochenen Methoden der Farbauswahl:

8.1 Farbwähler

Durch einen **einfachen** Klick auf das vordere große Rechteck können Sie die Vordergrundfarbe einstellen. Das ist die Farbe, die für alle Zeichenwerkzeuge und als Ausgangsfarbe für Farbverläufe verwendet wird. Entspechend wird die Hintergrundfarbe mit dem hinteren großen Rechteck eingestellt. Zur Auswahl der Farbe wird normalerweise der sehr flexible Adobe-Farbwähler eingeblendet. Sie können allerdings über **Ablage: Voreinstellungen: Allgemeine...** auch festlegen, daß statt dessen der Apple-Farbwähler verwendet wird.

Die kleinen Symbole links unten und rechts oben bewirken ein Rücksetzen der Farben auf schwarze Vordergrundfarbe und weiße Hintergrundfarbe bzw. einen Austausch der beiden Farben.

8.1.1 Apple-Farbwähler

Der etwas einfachere Apple-Farbwähler arbeitet für die Darstellung grundsätzlich im HSB-Modell (siehe Kap. 5.4.7 und Kap. 6.5) und bildet jeweils einen Schnitt durch den HSB-Zylinder als Farbkreis ab.

Die Farbanteile sind jedoch auch in den anderen Modellen als Zahlen ablesbar und eingebbar. Der Apple-Farbwähler hat den Vorteil, daß er Ihnen bereits von anderen Programmen und dem Betriebssystem her bekannt sein dürfte, z. B. vom Einstellen der Hinterlegungsfarbe über das Kontrollfeld „Farbe".

8.1.2 Adobe-Farbwähler

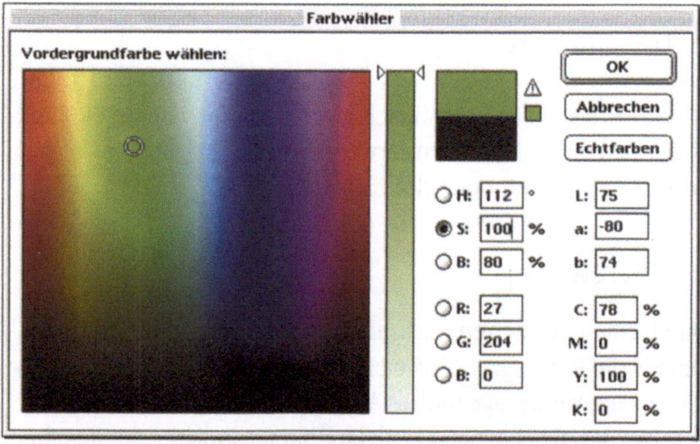

Sie können mit dem flexibleren Adobe-Farbwähler bestimmen, welches Farbmodell sie für die Auswahl verwenden wollen. Zur Auswahl von Farben sind drei Koordinaten notwendig; auf dem flachen Bildschirm können jedoch nur zwei als Fläche dargestellt werden. Dies ist ein Problem, mit dem alle Farbauswahl-Werkzeuge konfrontiert sind. Es wird gelöst, indem jeweils eine Koordinate als sogenannte aktive Koordinate über einen Schieberegler eingestellt werden kann. Die dargestellte Fläche bildet dann quasi einen Schnitt durch den Farbraum in der durch den Regler eingestellten Tiefenebene und erlaubt so die Auswahl der anderen beiden Koordinaten.

8.2 Farbtafeln

Falls Sie ganz bestimmte Farben benötigen, die der Kunde z. B. als Firmenfarbe vorgibt, ist die Verwendung von Echtfarben sinnvoll. Die links aufgeführten genormten Farbtafeln bietet Photoshop dabei zur Auswahl. Wenn Sie eine Farbe eingestellt haben und dann den Knopf **[Echtfarben]** drücken, sucht Ihnen Photoshop automatisch die nächstliegende Farbe aus der eingestellten Farbtafel heraus.

- ANPA Color
- DIC Color Guide
- FOCOLTONE
- HKS E
- HKS K
- HKS N
- HKS Z
- • PANTONE Coated
- PANTONE Process
- PANTONE ProSim
- PANTONE Uncoated
- TOYO Color Finder
- TRUMATCH

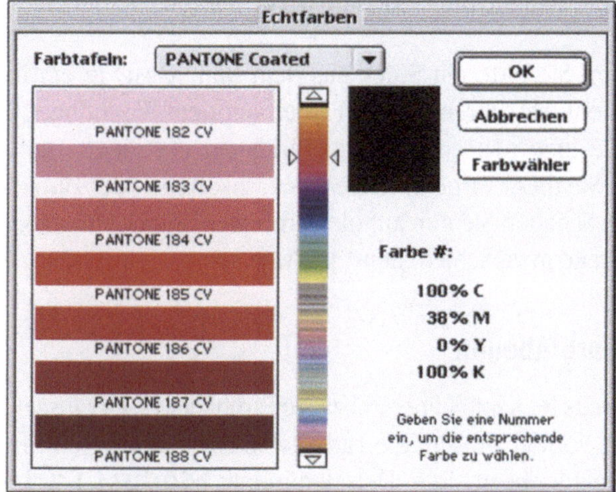

ÜBUNG

Bitte wählen Sie mit der Pipette eine Farbe aus dem Bild „Obst" und suchen Sie die ähnlichste Pantone Process™-Farbe heraus.

8.3 Farbpaletten

Photoshop bietet die Möglichkeit Farben über Farbpaletten noch wesentlich intuitiver und schneller zu erzeugen und zu wechseln als über die Farbwähler. Sie blenden diese gemeinsame Palette von **Farbregler**, **Farbfelder** durch das Menü **Fenster** ein. Die aus früheren Versionen von Photoshop bekannte und allgemein wenig genutzte Palette **Mischfeld** entfiel in Version 4.

Die Farbregler ermöglichen es, die Vordergrundfabe oder die Hintergrundfarbe schnell auf bestimmte numerische Werte einzustellen oder auch intuitiv aus dem Farbfeld unten zu wählen. Über das Popup-Menü am rechten Palettenrand kann das zugrundeliegende Farbmodell eingestellt werden; die Regler werden daraufhin entsprechend bezeichnet.

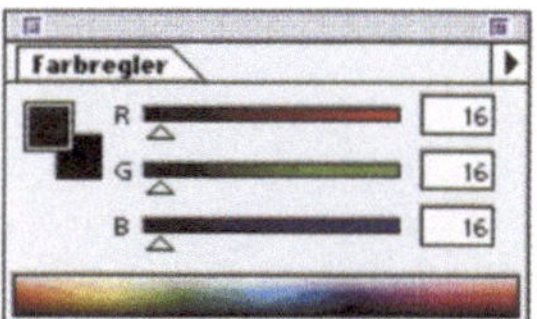

In die Felder des „Farbkastens" links im Bild können Sie den Mauszeiger bei gewähltem Zeichenwerkzeug schnell wie in ein Tintenfaß „eintauchen", und in der neuen Farbe weitermalen. Der Mauszeiger ändert dabei seine Form in eine Pipette, während er sich über einem Farbkästchen befindet. Farben können auch in Kästchen gegossen werden. Sie nehmen dazu die Farbe mit dem Pipettenwerkzeug auf, und halten die Wahltaste gedrückt, während Sie die Maus über ein Farbfeld bewegen. Es wird das Füllwerkzeug angezeigt, mit dem Sie die Farbe in das Feld eintragen können.

ÜBUNG

Kopieren Sie bitte ein Stück aus dem Bild „Obst" in ein neues Dokument, verrühren Sie die Farben mit dem Wischfinger. Nehmen Sie eine neu entstandene Farbe mit der Pipette auf und gießen Sie diese Farbe in ein leeres Farbkästchen der Farbfelder-Palette. Schalten Sie nun auf die Farbregler, und ermitteln Sie die Farbanteile in verschiedenen Farbsystemen.

8.4 Farbtabellen

Bitmap
Graustufen
Duplex
✓ Indizierte Farben
RGB-Farbe
CMYK-Farbe
Lab-Farbe
Mehrkanal

✓ 8 Bit pro Kanal
16 Bit pro Kanal

Farbtabelle...

Auswahlmöglichkeiten des Menüs Bild: Modus

Wie bereits im Kapitel über indizierte Farbbilder (5.4.4) ausgeführt, kann es vorteilhaft sein, die Farbtabelle eines indizierten Farbbildes direkt zu bearbeiten. Der Menüpunkt **Modus: Farbtabelle** erlaubt das Umschalten zwischen einigen vorgegebenen Tabellen sowie über **Tabelle bearbeiten...** das Erstellen eigener Farbtabellen. Um diese Menüpunkte benutzen zu können, muß das Bild im Modus „Indizierte Farben" vorliegen.

In dem Fenster „Tabelle bearbeiten..." können Sie jedem einzelnen der 256 Farbwerte eine beliebige Farbe zuordnen, indem Sie einmal mit der Maus auf das entsprechende Farbfeld klicken. Es wird daraufhin der Farbwähler eingeblendet, den Sie ja nun schon kennen. Oft ist es nützlich, ganze Bereiche von Werten als Farbverlauf zu definieren. Sie ziehen dazu mit gedrückter Maustaste vom Feld des ersten zu definierenden Farbwertes bis zum Feld des letzten.

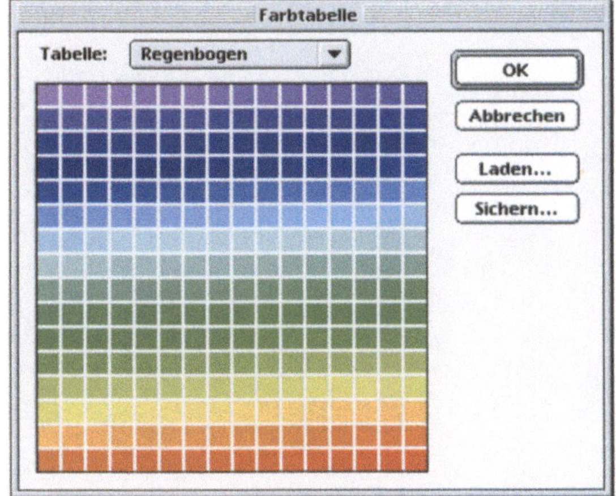

- Eigene

Feuer
Graustufen
Macintosh System
Regenbogen
Windows System

Anschließend erhalten Sie die Gelegenheit, zwei Farben über den Farbwähler auszuwählen: die Anfangs- und die Endfarbe des Bereiches. Eine solche veränderte Farbtabelle können Sie unter einem Namen speichern und später wiederverwenden.

Ein Bild, das mit einer solchen manipulierten Farbtabelle angezeigt wird, nennt man ein Falschfarbenbild. Sehr oft wird diese Technik in der wissenschaftlichen Bildbearbeitung angewandt, um bestimmte Details, die einen bestimmten Grauton zeigen, deutlicher von ihrer Umgebung abzuheben.

Ein Beispiel wäre etwa ein Röntgenbild, in dem ein verwachsener Knochenbruch oder ein Geschwür sich durch einen leicht veränderten Grauton bemerkbar macht. Für einen Menschen ist es viel leichter, solche Details zu erkennen, wenn sie durch kräftige Farben abgegrenzt sind. (s. auch Kap. 1.2.7 u. Kap. 5.4.4).

ÜBUNG

Bitte laden Sie ein beliebiges Graustufenbild, z. B. das Bild „Hände“ aus dem Unterordner „Bilder“ im Photoshop-Ordner, und wandeln es um in ein indiziertes Farbbild. Verändern Sie dann die Farbtabelle, um bestimmte Grauwerte im Bild hervorzuheben. Sichern Sie Ihre Farbtabelle unter einem Namen auf der Festplatte.

Bildbearbeitung

9 Bildbearbeitung

Eine wesentliche Aufgabe, für deren Bewältigung Adobe Photoshop geschaffen wurde, ist die Bearbeitung von Bildern, die mit Scannern in den Rechner übernommen wurden und als Illustrationen in DTP-Programmen verwendet werden sollen. Dies umfaßt im einfachsten Fall das Beschneiden, Skalieren, Ändern der Auflösung, Helligkeits-/Kontrastkorrekturen und Farbkorrekturen. Weitergehende Nachbearbeitungen wie die Anwendung von Filtern zur Bildverbesserung oder Verfremdung und vor allem die Anwendung all dieser Techniken auf gezielte Bereiche im Bild führen immer weiter in Richtung auf eine Manipulation des Informationsgehaltes des Bildes bis hin zu Retuschierung und Fotomontage und selbst zum Neuzeichnen ganzer Bildteile. Schließlich ist eine starke „Farbkorrektur" eines ausgewählten Bereiches eines Bildes (z. B. eines einzelnen Bildpunktes!) im Endeffekt ganz dasselbe wie das Neuzeichnen eines Punktes. Eine Grenze ist hier nicht mehr auszumachen, und man muß sich darüber im klaren sein, daß die von Programmen wie Photoshop bereitgestellten Möglichkeiten zur Manipulation von Bildern auch unzweifelhaft das Ende der authentischen Aussagekraft von Fotografien bedeuten. Was in dieser Richtung bisher wohl auch schon alles möglich war, aber durch den erforderlichen Aufwand in Grenzen gehalten wurde, steht nun jedem Anwender als neues Gestaltungsmedium zur Verfügung.

Obwohl natürlich auch die bisher erläuterten Werkzeuge aus der Werkzeugpalette Bilder bearbeiten, ist deren Wirkung mit wenigen Ausnahmen lokal beschränkt. Sie dienen in erster Linie der Bearbeitung des Bildinhaltes, stellen also die Funktionalität als Malprogramm bereit.

Im Gegensatz dazu haben wir Funktionen aus den Menüs **Bild**, **Ebene** und **Filter** in diesem Kapitel „Bildbearbeitung" zusammengefaßt, die mehr der globalen Bearbeitung dienen und sich hervorragend zur Nachbearbeitung und Verfremdung von Fotos eignen. Die Wirkung dieser Funktionen kann aber auch auf die Auswahl begrenzt sein, deshalb ist eine ganz klare Trennung hier nicht möglich.

☒ **Vorschau**

Übrigens zeigen die meisten dieser Funktionen die durchgeführten Einstellungen erst einmal über das gesamte Bild hinweg an, da das wesentlich schneller geht. Nur wenn Sie die Option [**Vorschau**] ankreuzen, wird tatsächlich angezeigt, wie das Ergebnis der nur in der Auswahl durchgeführten Änderung aussieht.

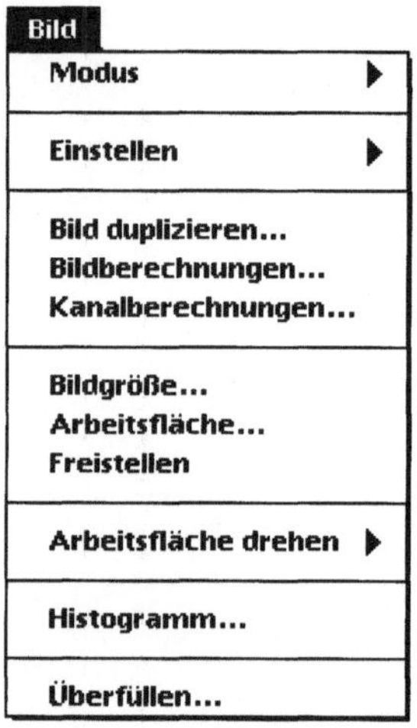

Das Menu „Bild" beinhaltet die meisten Befehle zur globalen Bildmanipulation unter dem Oberbegriff „Einstellen".

9.1 Farb- und Grauwertkorrekturen

Eines der Hauptanwendungsgebiete von Photoshop ist zweifellos die Nachbearbeitung und Korrektur eingelesener Photos. Damit können zum einen Qualitätsverluste beim Scanvorgang (Kontrastverlust, Farbverfälschungen) ausgeglichen, zum anderen aber auch spezielle Effekte wie Verfremdungen etc. erzielt werden. Auch die Eigenschaften eines Bildes, die bisher in der Dunkelkammer durch den Einsatz verschiedener Papierhärten und -empfindlichkeiten, durch verschiedene Belichtungszeiten, Entwicklungszeiten und -temperaturen bestimmt wurden, lassen sich mit Photoshop bequem am Bildschirm über Schieberegler einstellen und kontrollieren, bis das gewünschte Ergebnis erreicht ist.

Das Untermenü „Einstellen"

9.1.1 Umkehren

Die einfachste Bearbeitungsmöglichkeit dieser Reihe findet sich im Menüpunkt **Bild: Einstellen: Umkehren** (Invertieren). Es wandelt den Inhalt der Auswahl (bzw. das gesamte Bild) in dessen Negativ um. Negative können von Graustufenbildern wie auch von Farbbildern erzeugt werden.

Von dieser Möglichkeit können Sie Gebrauch machen, wenn Sie z. B. mit einem Diascanner ein Negativ eingelesen haben und daraus ein Positivbild erzeugen wollen.

Weitere Anwendungen bieten sich bei der Bearbeitung von Alpha-Kanälen: Das Umkehren eines Alpha-Kanals, in dem eine Auswahl gespeichert ist, entspricht dem Befehl **Auswahl: Umkehren** im aktuellen Bild.

ÜBUNG

Markieren Sie bitte eine Auswahl im RGB-Bild „Obst", und wandeln Sie diesen Bereich in sein Farbnegativ um.

9.1.2 Tonwertangleichung

Dieser Befehl ist vor allem dann von Nutzen, wenn Sie eine schlecht gescannte Vorlage, deren Kontrastumfang reduziert ist, korrigieren möchten. Das Werkzeug analysiert zunächst die Häufigkeitsverteilung der verschiedenen Grauwerte im Bild und streckt anschließend diesen Wertebereich, um eine möglichst gleichmäßige Verteilung von Schwarz bis Weiß zu erreichen. Mit diesem Hilfsmittel lassen sich oft auch hoffnungslos wirkende Bilder erheblich verbessern; allerdings geschieht die Korrektur vollautomatisch, ohne daß Sie den Vorgang mitbestimmen können. Falls Sie eine genauere Kontrolle bei der Aufbereitung schlechter Vorlagen wünschen, sollten Sie statt dessen das manuell kontrollierbare Werkzeug **Bild: Einstellen: Tonwertkorrektur...** einsetzen, dessen Funktion ansonsten ähnlich ist (Kap. 9.1.7).

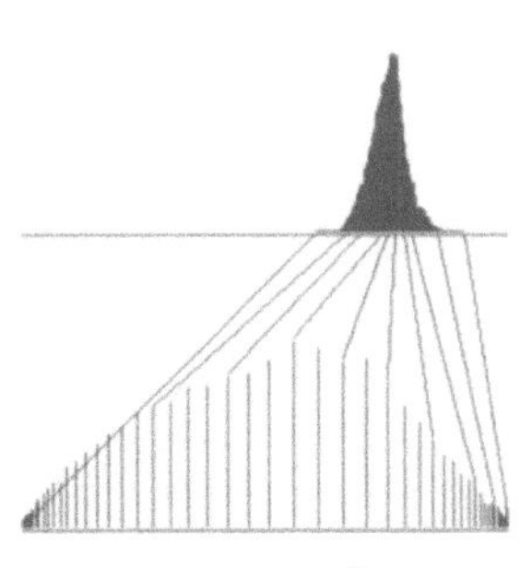

Die Angleichung der Tonwerte erfolgt nicht linear und hängt von deren Verteilung ab.

9.1.3 Schwellenwert

Der Befehl **Schwellenwert** konvertiert ein Graustufenbild in ein reines Schwarzweißbild, wobei Sie selbst bestimmen können, ab welchem Helligkeitswert ein Bildpunkt weiß, ansonsten schwarz wird. Dazu erscheint nach Anwahl dieses Menüpunkts ein Dialog, der die Verteilung der Grauwerte im Bild als Histogramm darstellt:

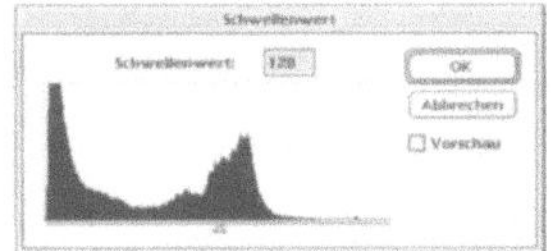

Durch Verschieben des kleinen Dreiecks mit der Maus können Sie den Schwellenwert für die Umwandlung festlegen, wobei Sie im Bild die Auswirkung sofort beobachten können.

9.1.4 Tontrennung

Das Werkzeug **Tontrennung** funktioniert ganz ähnlich wie **Schwellenwert**, wobei jedoch die Anzahl der im Bild verbleibenden Graustufen nicht auf zwei (schwarz und weiß) eingeschränkt ist, sondern auf eine von Ihnen zu bestimmende Anzahl:

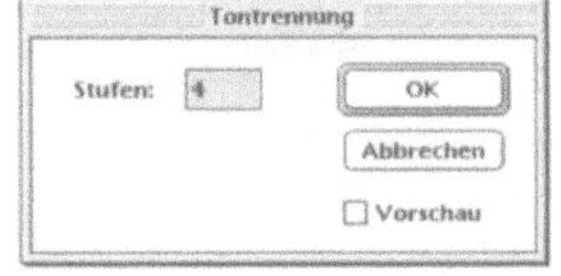

In RGB-Bildern wird damit die Anzahl der Stufen pro Ebene festgelegt, so daß die Anzahl der verbleibenden Farben gleich der Anzahl der Stufen hoch drei ist: Bei Einschränkung eines Farbbildes auf z. B. zwei Stufen würden also $2^3 = 8$ Farben übrigbleiben, nämlich schwarz, weiß, rot, grun, blau, cyan magenta und gelb.

Die Einschränkung gegenüber dem Befehl **Schwellenwert** besteht darin, daß sie zwar die Anzahl der Schwellen, nicht aber deren Werte bestimmen können: Diese werden über den gesamten Bereich gleichmäßig verteilt.

ÜBUNG

Führen Sie nun bitte eine Tontrennung mit 3 Stufen durch. Solche Effekte lassen sich gut für Verfremdungen von Bildern verwenden. Nehmen Sie die Änderung bitte wieder zurück.

9.1.5 Tonwertkorrektur

Wie bereits erwähnt (Kap. 9.1.2), stellt die Tonwertkorrektur eine weitere Möglichkeit dar, die Qualität eingescannter Bilder erheblich zu verbessern. Im Gegensatz zur Tonwertangleichung haben Sie dabei jedoch die Möglichkeit, gezielt in den Vorgang einzugreifen.

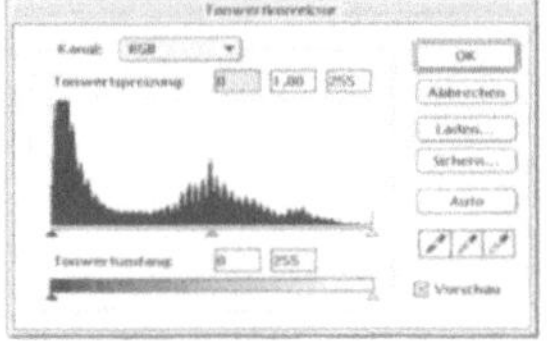

Zu diesem Zweck wird nach Anwendung des Befehls **Bild: Einstellen: Tonwertkorrektur...** zunächst die Verteilung der Grauwerte im Bild als Histogramm dargestellt.

Direkt darunter befinden sich drei Schieberegler, die jeweils den minimalen (schwarz), maximalen (weiß) und mittleren (grau) Wert der im Bild vorkommenden Stufen bestimmen.

Durch Verstellen des schwarzen Dreiecks definieren Sie die Helligkeit, die noch als ganz schwarz dargestellt werden soll.

Ähnlich definiert der weiße Regler, welcher Wert noch als ganz weiß darzustellen ist.

Der dritte, graue Regler legt den Punkt des mittleren Grauwertes fest. Schieben Sie diesen Regler in den Helligkeitsbereich, in dem Sie die meisten Details erkennen wollen.

Durch diese Einstellungen können Sie erreichen, daß selbst sehr „flau“ aussehende Bilder wieder den gesamten Farbumfang nutzen und damit wesentlich brillianter wirken.

Weiter unten befindet sich der Regler für den Tonwertumfang. Dieser Regler wird seltener benötigt. Er hat den umgekehrten Effekt wie die oberen drei: Sie erreichen damit, daß Ihr Bild nicht mehr den gesamten Helligkeitsumfang zwischen Schwarz und Weiß nutzt. Damit lassen sich also künstlich „schlechte“ Bilder herstellen.

Die drei Tasten rechts erlauben es Ihnen, den Schwarzpunkt (links) bzw. Weißpunkt (rechts) neu zu definieren, indem Sie mit dem außerhalb des Fensters erscheinenden Pipettenwerkzeug auf einen entsprechenden Bildpunkt klicken und dann auf die Taste. Die mittlere Taste dient der Einstellung der Gradation durch Klicken auf einen mittleren Grauwert. Trotz dieser Automatismen erreicht man oft die besten Ergebnisse durch manuelles Einstellen der Regler.

Die Korrektur kann bei Farbbildern auch auf einzelne Farbkomponenten eingeschränkt werden.

Beim Scannen eines Graustufenbildes kommt es häufig vor, daß aufgrund nicht optimaler Einstellung beim Scanvorgang nicht der gesamte Farbumfang zwischen Schwarz und Weiß genutzt wird.

Daß das Bild dann „flau“ aussieht, rührt daher, daß alle Grauwerte in einem engen Bereich liegen; der Kontrast des Bildes ist gering, obwohl es eigentlich ausreichend Information enthält. Eine Tonwertkorrektur bringt in so einem Fall erstaunlich gute Ergebnisse mit sehr viel geringerem Aufwand, als wenn man versuchen würde, den zeitraubenden Scanvorgang mehrmals zu wiederholen, bis das Ergebnis optimal ist.

Kontraste

ÜBUNG

Ablage: Öffnen...

1 Laden Sie bitte das Beispielbild mit der Bezeichnung „Unkorrigiert“ durch **Ablage: Öffnen...** .

Bild: Histogramm...

2 Ob eine Tonwertkorrektur für ein gegebenes Bild Erfolg verspricht, können Sie leicht am Histogramm erkennen. Wählen Sie also bitte **Bild: Histogramm...** . Sie sehen ein extremes Histogramm, bei dem die dunkelsten und die hellen Töne nicht ausgenutzt sind. Dies erklärt, daß auf dem zugehörigen Bild kaum noch Details zu erkennen sind.

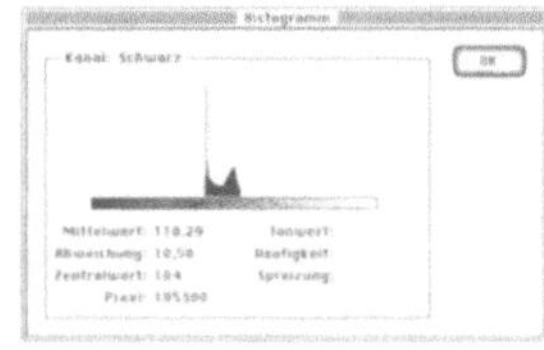

Bild: Einstellen: Tonwertkorrektur...

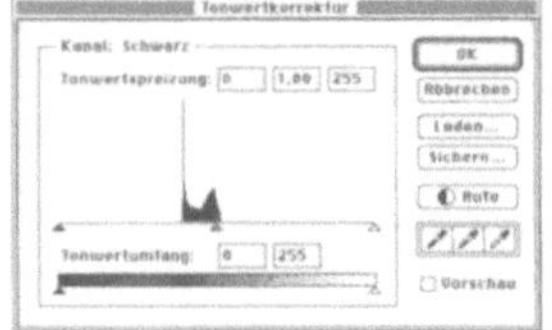

3 Wählen Sie nun bitte **Bild: Einstellen: Tonwertkorrektur...** und entfernen Sie die leeren schwarzen und weißen Bereiche durch Verschieben der entsprechenden Dreiecke bis an den genutzten Bereich heran (100..132). Das mittlere Dreieck für die Mitteltöne sollte ungefähr so eingestellt werden, daß sich wesentliche Bereiche der Tonwerte rechts und links davon befinden; Sie erreichen dann die beste Detailwiedergabe im hellen und dunklen Bereich des Bildes. Wenn das Bildmotiv allerdings weitgehend hell oder dunkel ist, kann hier eine andere Einstellung vorteilhafter sein. Bitte kontrollieren Sie Ihre Tonwertkorrektur daher visuell durch Klicken auf den **[Zeigen]**-Knopf.

Bild: Histogramm...

4 Die verblüffende Wirkung der Tonwertkorrektur sehen Sie natürlich sofort an der viel besseren Darstellung des Bildes. Um auch die Wirkung im Histogramm zu betrachten, wählen Sie bitte nochmals **Bild: Histogramm...**.

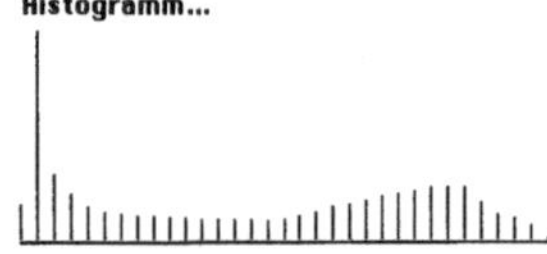

Der gesamte dynamische Bereich ist nun genutzt. Allerdings wurde die Anzahl der Graustufen dadurch natürlich nicht erhöht, es bestehen also Lücken zwischen den Graustufen, die jedoch nicht weiter stören.

9.1.6 Gradationskurven

Auch bei den Gradationskurven stammt der Begriff aus der konventionellen Dunkelkammertechnik, wo Fotopapier- und Filmsorten charakteristische Gradationseigenschaften aufweisen. Dabei liegt der Unterschied, bei Fotopapier auch „Härtegrad" genannt, in der Intensität, mit der die einzelnen Grauwerte wiedergegeben werden. Diese lassen sich als Kurve darstellen, wobei an der X-Achse (horizontal) der tatsächliche Lichtwert (Eingabe) aufgetragen wird, an der Y-Achse (vertikal) dagegen die entsprechende Schwärzung des Fotopapiers. Demzufolge weisen „harte" Papiersorten, die das Bild kontrastreich darstellen, steile Gradationskurven auf, bei „weichen", kontrastarmen Papiersorten verläuft die Kurve flacher. Eine solche Darstellung zeigt auch der Dialog **Gradationskurven**.

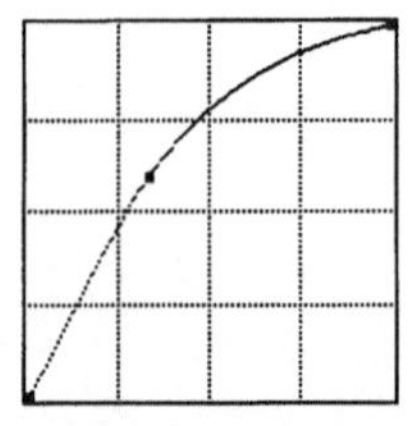

1 weiterer Stützpunkt

Die Gradationskurve können Sie mit der Maus verändern, wobei Sie bei Farbbildern wahlweise den Rot-, Grün- und Blaukanal getrennt beeinflussen können oder aber die Leuchtkraft des Bildes (Einstellung „Gesamt"). Dazu befinden sich an den Endpunkten der Kurve zwei schwarze Griffe, mit denen Sie die Steigung und Lage der Geraden ändern können. Da sich reales Fotopapier nach chemischen Gegebenheiten verhält, verlaufen dessen Gradationskurven jedoch im allgemeinen nicht linear. Deshalb können Sie durch Mausklick auf die bestehende Kurve und Ziehen in eine Richtung auch weitere, beliebige Kurvenstützpunkte einfügen, mit deren Hilfe Sie den Verlauf der Gradationskurve weiter variieren können.

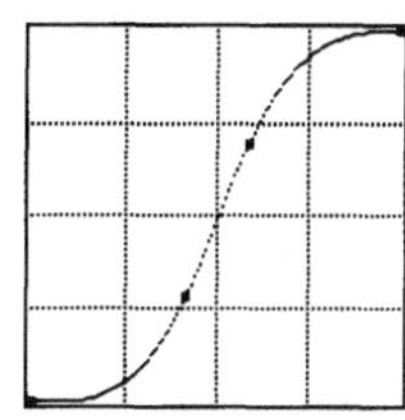

2 weitere Stützpunkte

Um einen Stützpunkt wieder zu entfernen, schieben Sie ihn mit der Maus auf einen der anderen Punkte: Dadurch verschmelzen beide Griffe zu einem einzigen.

Auf diese Weise können Sie Gradationskurven für die von Ihnen am häufigsten benutzten Fotopapiersorten erstellen. Bitte beachten Sie, daß die nebenstehenden Gradationskurven nur der Erläuterung der Möglichkeiten dienen und frei erfunden sind. Sie entsprechen keinem käuflichen Fotopapier. Für Informationen über reale Fotopapiere wenden Sie sich bitte an den jeweiligen Hersteller.

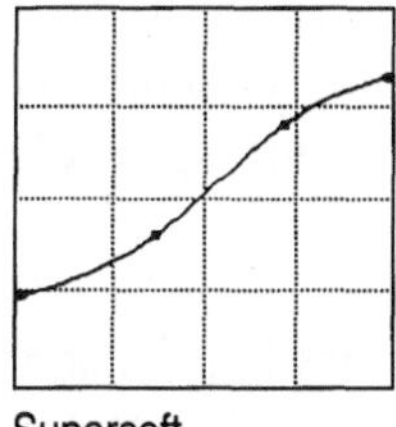

Supersoft

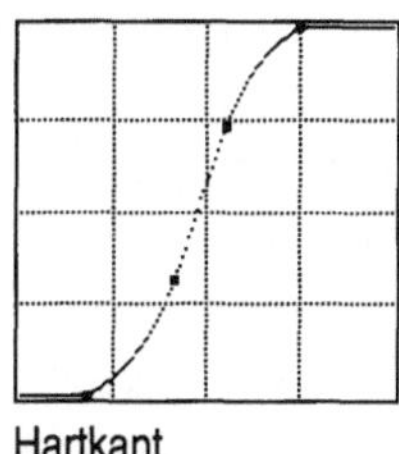

Hartkant

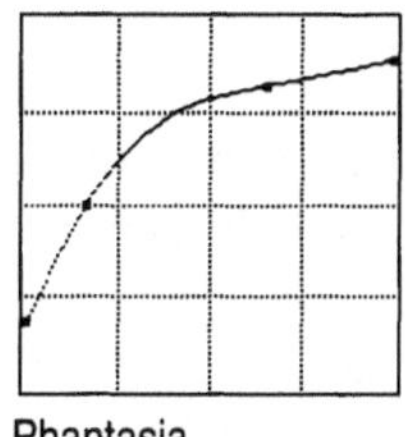

Phantasia

9.1.7 Helligkeit / Kontrast

Eine einfache Methode, die Helligkeit und/oder den Kontrast eines Bildes (bzw. der Auswahl) zu ändern, besteht in der Anwendung des Menüpunktes **Bild: Einstellen: Helligkeit / Kontrast...**, der auf den nebenstehenden Dialog führt.

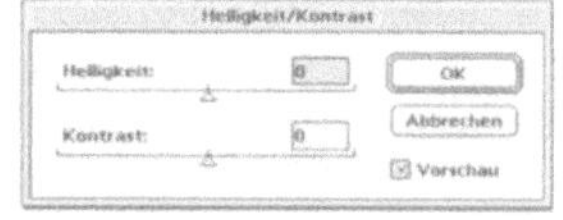

Hier können Sie durch Verändern der beiden Schieberegler Helligkeit und Kontrast einstellen. Zwar ist derselbe Effekt auch über Gradationskurven bzw. Tonwertkorrektur erreichbar; oft ist jedoch der Helligkeit/Kontrast-Dialog leichter zu verstehen und zu benutzen.

ÜBUNG Bitte ändern Sie in Ihrem Bild „Obst" die Helligkeit und den Kontrast so ab, daß es mit kräftigeren Farben erscheint. Sie müssen dazu die Helligkeit etwa um 15 zurücknehmen und den Kontrast um ca. 15 erhöhen.

9.1.8 Farbbalance

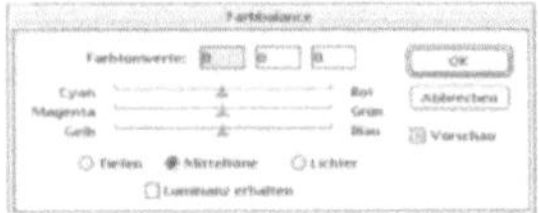

Wie Sie vielleicht wissen, verwendet man in der Dunkelkammertechnik beim Belichten von Farbabzügen Vergrößerungsgeräte mit einem sogenannten Farbmischkopf, der über drei regelbare Farbfilter (Cyan, Magenta und Gelb) in der Lage ist, Farbstiche auszugleichen bzw. als stilistisches Mittel erst zu erzeugen. Etwas Vergleichbares gibt es auch in Photoshop; es ist über den Menüpunkt **Farbbalance...** im Menü **Bild: Einstellen:** zu erreichen.

Die drei Schieberegler verändern den Anteil der betreffenden Grundfarbe im Bild (bzw. in der Auswahl). Durch Verschieben nach rechts erhöhen Sie den Anteil der jeweiligen RGB-Grundfarbe (Rot, Grün bzw. Blau) und verringern damit gleichzeitig den Anteil der entsprechenden Komplementärfarbe (Cyan, Magenta bzw. Gelb). Beim Verschieben nach links tritt der gegenteilige Effekt auf. Dabei ist es egal, welche Betrachtungsweise man wählt: Das Erhöhen des Gelbanteils ist auch quantitativ dasselbe wie das Verringern des Blauanteils, da hier nur das relative Verhältnis der Farben zueinander geändert wird; die Summe (und somit die Gesamthelligkeit des Bildes) bleibt gleich.

Mit den drei Optionsfeldern am unteren Rand des Dialogs können Sie die Wirkung der Farbbalance selektiv auf Tiefen, Mitteltöne und Lichter beschränken, so daß Sie z. B. einen Rotstich beseitigen können, der vorwiegend in den dunklen Bereichen des Bildes auftritt: Hier bietet die digitale Bildbearbeitung Möglichkeiten, bei denen der konventionelle Farbmischkopf passen muß.

Bitte beachten Sie, daß die Farbbalance nur bei RGB-Bildern, CMYK-Bildern und indizierten Farbbildern einstellbar ist.

9.1.9 Farbton / Sättigung

Etwas seltener gebraucht als Helligkeit/Kontrast, aber zur gleichen Kategorie gehörend ist die Einstellmöglichkeit für Farbton und Sättigung. Den nebenstehenden Dialog erhalten Sie durch Anwahl des Menüpunktes **Bild: Einstellen: Farbton/Sättigung**.

Die Begriffe „Farbton" und „Sättigung" sind bereits bei der Besprechung des HSB- und HSL-Farbmodells eingeführt worden (s. Kap. 5.4.7 u. Kap. 5.4.8). Über diesen Dialog haben Sie die Möglichkeit, auch in RGB-Bildern oder indizierten Farbbildern diese Komponenten direkt zu ändern.

Dabei entspricht das Verstellen des Farbtonreglers einer Drehung der Farben auf dem Farbkreis, d. h. aus Rot wird z. B. Gelb, aus Gelb wird Grün, aus Grün wird Blau etc. Der Wert, der dabei über dem Regler angezeigt wird, entspricht dem Drehwinkel in Grad.

Der Sättigungsregler bewegt die Farben im Farbzylinder radial vom Zentrum weg (Farbe wird voller) bzw. zum Zentrum hin (Farbe wird blasser).

Die zusätzlich wählbare Option „Kolorieren" bewirkt, daß die Farben des Bildes nicht relativ zu ihrer alten Position im Farbzylinder bewegt, sondern auf absolute Werte gesetzt werden. Dabei wird Rot als 0° definiert, reines Grün liegt bei 120° etc. Wenn Sie z. B. die Option „Kolorieren" einschalten und den Farbtonregler auf 60° schieben, behalten alle Bildpunkte ihre Helligkeit bei, und alle nehmen gleichermaßen einen gelben Farbton an. Mit dem Sättigungsregler setzen Sie entsprechend die Sättigung aller Bildpunkte auf den von Ihnen gewählten Wert.

9.1.10 Farbe ersetzen...

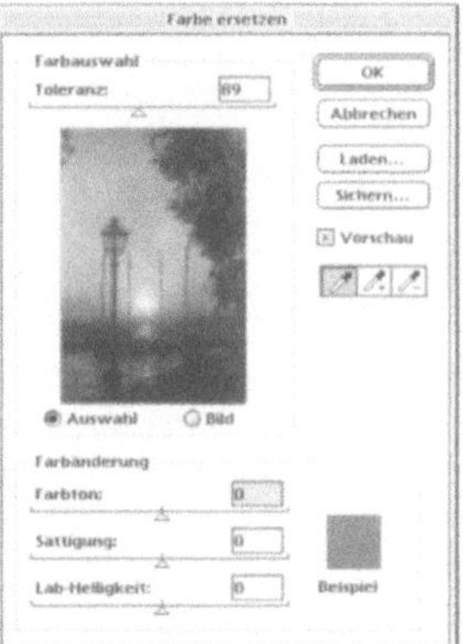

Sehr interessant ist auch die Funktion **Bild: Einstellen: Farbe ersetzen...**. Sie ist gegenüber den früheren Effektkurven weit leistungsfähiger und besser handhabbar geworden. Sie können mehrere Farben im Bild zum Ändern markieren (Farben hinzufügen bzw. wegnehmen mit den Pipetten) und so mit einstellbarer Toleranz eine Maske bilden. Innerhalb der gezeigten Maske lassen sich die Farbwerte variieren.

9.1.11 Selektive Farbkorrektur...

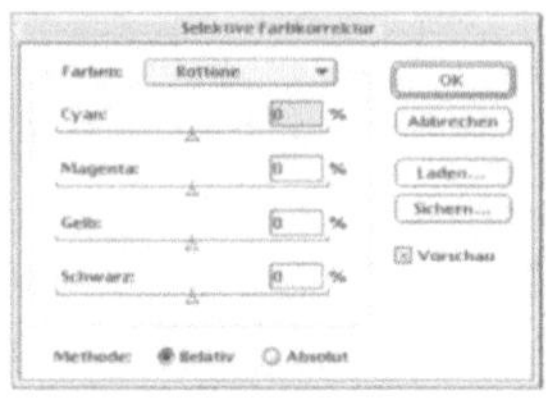

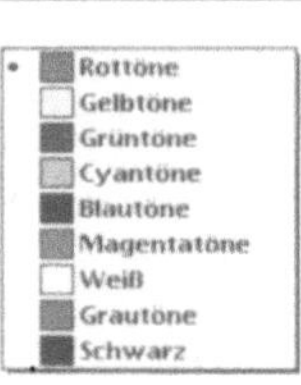

Einen weiteren Neuzugang finden wir in der Funktion **Bild: Einstellen: Selektive Farbkorrektur...**. Damit können generelle Farbstiche im Bild gut eliminiert werden, indem Korrekturwerte getrennt für die links gezeigten Farbbereiche eingestellt werden. Für wiederkehrende Korrekturen besteht auch die Möglichkeit, die Korrekturwerte zu speichern und zu laden.

9.1.12 Auto-Tonwertkorrektur

Diese neue Funktion bewirkt auch ohne weitere Einstellungen, wie sie für **Bild: Einstellen: Tonwertkorrektur...** notwendig sind, in vielen Fällen ein sehr gutes Ergebnis bei Graustufenbildern und bei Farbbildern.

9.1.13 Entfärben

Diese Funktion bewirkt, daß aus einem RGB- oder CMYK-Bild das entsprechende Graustufenbild ensteht, der jeweilige Bildmodus jedoch unverändert bleibt. Die Funktion entspricht einem Zurücknehmen der Farbsättigung auf Null.

9.1.14 Variationen

Mit Hilfe von **Bild: Einstellen: Variationen...** können Sie Helligkeits- und Farbkorrekturen in einem Bild völlig intuitiv durchführen, indem Sie einfach mehrmals zwischen jeweils ähnlichen Bildern unterschiedlicher Helligkeits- und Farbnuancen das „schönste" aussuchen.

Ihre volle Stärke kann diese elegante Funktion allerdings nur bei einem auch heute noch selten realisierten farbgeeichten System unter kontrollierten Betrachtungsbedingungen entfalten, da andernfalls wie bei allen Bildschirmfarbkorrekturen nicht leicht auf das entgültige Druckergebnis geschlossen werden kann.

Für die Manipulation von Bildern, die z. B. in Multimedia-Anwendungen am Bildschirm gezeigt werden sollen, sind die Variationen eine große Hilfe.

9.2 Geometrische Transformationen

Zu den elementaren Werkzeugen eines Bildbearbeitungsprogramms gehören natürlich geometrische Transformationen wie Spiegeln, Drehen und Verzerren einer Auswahl. In Photoshop 4.0 befindensich diese Werkzeuge im neuen **Ebenen-Menü**, aufgeteilt in die zwei Menüpunkte **Frei transformieren** und **Transformieren**. Der Menüpunkt Transformieren enthält Optionen zum Spiegeln, Drehen, Skalieren, Neigen und Verzerren. Sie können Transformationen auf die gesamte aktive Ebene, bzw. Ebenengruppe, auf eine Auswahl in der aktiven Ebene sowie auf eine Auswahl in der Hintergrundebene anwenden. Um eine Transformation auf die Hintergrundebene anzuwenden, müssen Sie eine Auswahl erstellen. Bitte beachten Sie, daß Hintergrundbereiche, die durch eine solche Transformation undefiniert bleiben, mit der aktuellen Hintergrundfarbe aufgefüllt werden.

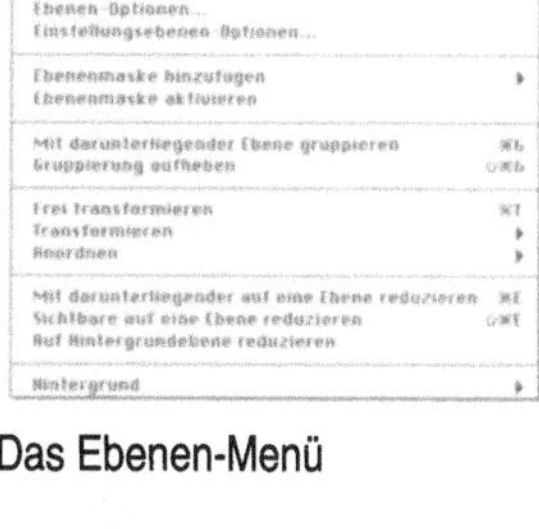

Das Ebenen-Menü

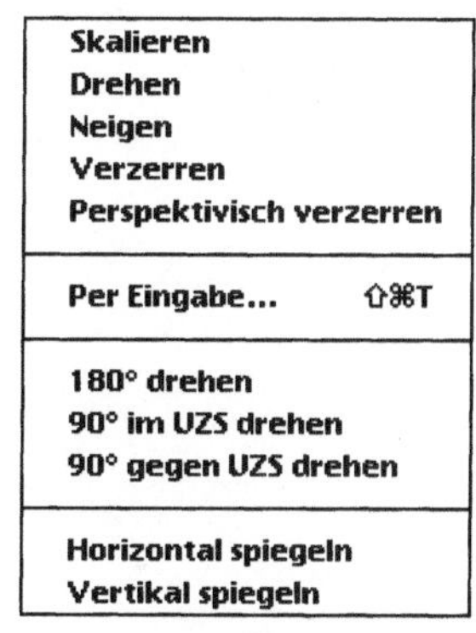

Das Transformieren-Untermenü

9.2.1 Spiegeln

Im Menü **Ebene: Transformieren** finden Sie die beiden Unterpunkte **Horizontal spiegeln** und **Vertikal spiegeln**, die die Auswahl (bzw. das ganze Bild) jeweils an der vertikalen bzw. horiziontalen Achse spiegeln.

9.2.2 Drehen

Im Untermenü **Ebene: Transformieren** gibt es vier Befehle, mit denen Sie die Auswahl entweder um 180°, um 90° im bzw. gegen den Uhrzeigersinn bzw. durch Eingabe eines Winkels drehen können. Freies Drehen ist ein Spezialfall von **Ebene: Frei transformieren** (s. u.) und geschieht direkt mit der Maus.

Sofern Sie die Auswahl um einen exakt vorgegebenen Winkel (der nicht 90 oder 180° beträgt) drehen möchten, wählen Sie hierzu den Befehl **Transformieren: Per Eingabe**.

9.2.3 Skalieren, Neigen und Verzerren

Die übrigen Transformationswerkzeuge dienen zum Skalieren, Neigen und Verzerren. Nach der Wahl des entsprechenden Werkzeugs ist die Ebene / Auswahl von einem gestrichelten Rahmen mit vier Griffen umschlossen, die Sie entsprechend der gewählten Trans-

Transformation per Eingabe

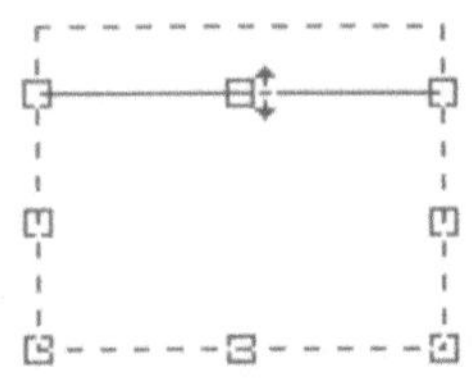

formation bewegen können. Wenn Sie einen dieser Befehle anwenden, erzeugt Photoshop eine Vorschau des Effektes.

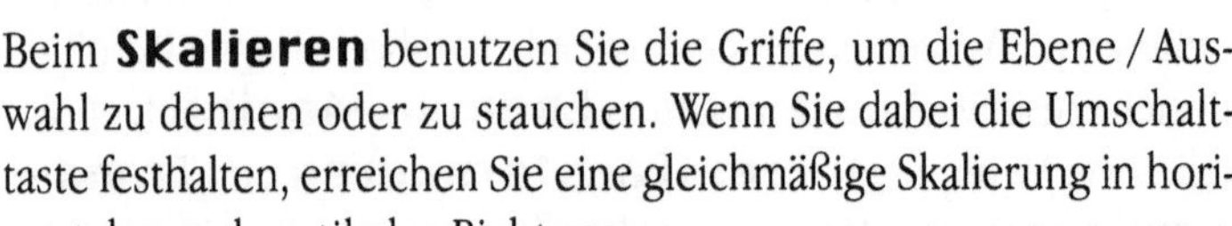

Beim **Skalieren** benutzen Sie die Griffe, um die Ebene / Auswahl zu dehnen oder zu stauchen. Wenn Sie dabei die Umschalttaste festhalten, erreichen Sie eine gleichmäßige Skalierung in horizontaler und vertikaler Richtung.

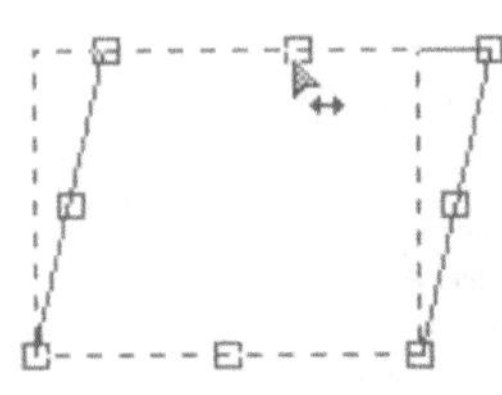

Um die Ebene / Auswahl zu **Neigen**, ziehen Sie einen der mittleren Griffe mit der Maus, wobei die Zugrichtung am Anfang bestimmt, ob die Neigung horizontal oder vertikal erfolgen soll.

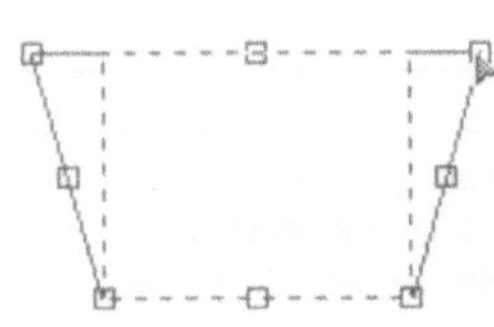

Um Bildteile in die Tiefe des Raumes hinein zu neigen, benutzen Sie den Unterpunkt **Perspektivisch verzerren**, der es Ihnen (abhängig von der Bewegungsrichtung beim Ziehen) erlaubt, eine Kante der Auswahl räumlich nach vorne oder nach hinten zu bewegen.

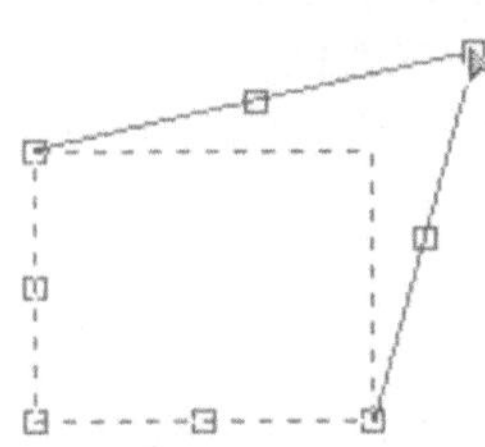

Der Unterpunkt **Verzerren** schließlich läßt Sie alle vier Eckpunkte der Ebene / Auswahl frei verschieben, wodurch sich Bildteile beliebig „zerknittern" lassen wie ein Blatt Papier.

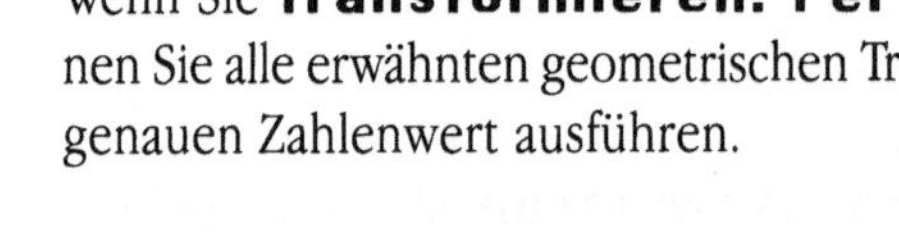

Wenn Sie **Transformieren: Per Eingabe** wählen, können Sie alle erwähnten geometrischen Transformationen mit einem genauen Zahlenwert ausführen.

Es ist grundsätzlich möglich, unterschiedliche Transformationen nacheinander auszuführen, bevor man diese durch Drücken der Zeilenschalttaste / Returntaste anwendet.

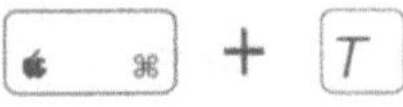

Ein weitere und flexiblere Möglichkeit zur Anwendung geometrischer Transformationen ist der Befehl **Ebene: Frei transformieren**. Sie können die Ebene / Auswahl bewegen, indem Sie mit der Maus in das Begrenzungsrechteck klicken und ziehen. Die Auswahl wird skaliert, indem Sie an einem der Griffe ziehen. Um gleichmäßig zu skalieren, halten Sie die Umschalttaste gedrückt. Wenn Sie den Zeiger außerhalb des Begrenzungsrechtecks plazieren, nimmt er die Form eines gebogenen Doppelpfeils an. Durch Ziehen können Sie die Ebene / Auswahl nun drehen. Um die Drehung auf ein 15°-Vielfaches einzuschränken, halten Sie die Umschalttaste gedrückt. Halten Sie die

Befehlstaste während des Ziehens gedrückt, um den Bildinhalt in einem beliebigen Viereck zu verzerren. Die Ebene / Auswahl wird symmetrisch verzerrt, wenn Sie während des Ziehens die Wahltaste gedrückt halten. Durch gleichzeitiges Drücken der Befehls- und der Umschalttaste können Sie die Ebene / Auswahl neigen. Die Tastenkombination Befehl + Wahl + Umschalt ergiebt eine perspektivische Verzerrung.

9.3 Filter

Ein wesentlicher Teil des enormen Leistungsumfangs von Photoshop steckt in den sogenannten Filtern – die Bezeichnung leitet sich von den herkömmlichen optischen Filtern ab, wie sie z. B. als Objektivvorsatz in der Fotografie Verwendung finden. Deshalb werden Sie in Photoshop auch alle gebräuchlichen Filter wie Weichzeichner, Facetteneffekt etc. wiederfinden. Dazu kommen jedoch weitere Filter, mit denen Sie Effekte erzielen können, die früher mit hohem Aufwand in der Dunkelkammer erreicht werden mußten, wie z. B. Solarisation oder spezielle Korneffekte. Den größten Teil der Photoshop-Filter machen jedoch spezielle elektronische Filter aus, deren Wirkung mit optischen oder chemischen Mitteln nie erreichbar wäre: So können Sie beispielsweise automatisch alle hellen Bereiche des Bildes herausheben lassen oder Bilder elektronisch nachschärfen, indem die Konturen von Objekten verstärkt werden.

Mitgelieferte Filterkategorien in Photoshop 4.0.

Der jeweils zuletzt angewendete Filter taucht als erster Menüpunkt auf. Der zweite Menüpunkt erlaubt eine abgeschwächte Anwendung.

Neben den eingebauten bzw. mitgelieferten Filtern können auch Filter von Fremdherstellern benutzt werden: Diese werden als Zusatzdatei einfach in den Photoshop-Ordner gelegt und stehen fortan im Programm zur Verfügung – auf diese Weise läßt sich der ohnehin schon beachtliche Leistungsumfang von Photoshop durch nachträgliches Zukaufen von Filtern noch erweitern.

Die Filter sind nach Kategorien alphabetisch geordnet in hierarchischen Menüs untergebracht. Mittlerweile verfügt Photoshop über ca. 100 verschiedene mitgelieferte Filter, eine vollständige Besprechung all dieser Möglichkeiten würde weit über die Intention dieses Buches hinausgehen. Wir werden daher im folgenden nur eine weitgehend subjektive Auswahl der Filter besprechen:

9.3.1 Rendering-Filter

Beleuchtungseffekte...
Blendenflecke...
Differenz-Wolken
Struktur laden...
Wolken

Filter: Rendering-Filter:

Viele dieser Filter sind sehr rechenintensiv und können daher nur auf Rechnern mit einem arithmetischen Koprozessor eingesetzt werden. Der Filter **Beleuchtungseffekte...** ermöglicht es, einem Bild die täuschend echte Simulation einer Beleuchtung durch verschiedene Lichtquellen hinzuzufügen. Oft wird dadurch auch die 3D-Wirkung des Bildes wesentlich erhöht. **Blendenflecke...** simuliert die bei echter Fotografie eigentlich unerwünschten Lichtreflexe eines Kameraobjektivs mit Blende. Die auf der Basis von Fraktalen arbeitenden **Wolken...**-Filter eignen sich hervorragend, um sehr echt wirkende Wolken-Hintergründe herzustellen, die, in eine Landschaftsaufnahme retuschiert, einen langweilig einfarbigen Himmel spektakulär interessanter gestalten können.

9.3.2 Scharfzeichnungsfilter

Konturen scharfzeichnen
Scharfzeichnen
Stark scharfzeichnen
Unscharf maskieren...

Filter: Scharfzeichnungsfilter:

Scharfzeichnungsfilter werden oft bei der Nachbearbeitung von eingescannten Bildern benötigt, aber auch als spezielles Stilmittel. Standardmäßig sind vier verschiedene Scharfzeichnungsfilter vorhanden.

Alle vier Filter sind in der Lage, Kanten in Bildern zu finden und diese entweder zu verstärken oder als Linien hervorzuheben. Das geschieht durch Erhöhen des Kontrastes an den Stellen, an denen unterschiedliche Bildpunkte nebeneinanderliegen.

Der Filter **Unscharf maskieren...** sucht nach starken Farbübergängen im Bild und hebt diese hervor. Die Stärke der Wirkung können Sie im Dialog einstellen, ebenso den Radius, in dem benachbarte Bildpunkte zur Berechnung herangezogen werden. Der Schwellenwert bestimmt, ab welchem Farbkontrast benachbarte Pixel als Kontur gewertet werden.

Die beiden Filter **Scharfzeichnen** und **Stark scharfzeichnen** eignen sich besonders, um gescannte Vorlagen, die eine leichte Unschärfe aufweisen, elektronisch nachzuschärfen. Bei Bedarf können sie auch mehrfach angewandt werden, aber Vorsicht: Bei zu häufiger Anwendung treten unerwünschte Farbverfälschungen auf.

ÜBUNG

Wählen Sie bitte im Bild „Obst“ das Innere der aufgeschnittenen Zitrone aus und wenden Sie den Filter **Scharfzeichnen** darauf an. Wenn Sie auf einem Computer mit 8-Bit-Farbkarte arbeiten, so schalten Sie bitte auf **Modus: Indizierte Farben**, um die Wirkung des Filters genauer zu betrachten.

9.3.3 Stilisierungsfilter

Stilisierungsfilter dienen nicht der Korrektur gescannter Fotos für eine bessere Darstellung oder dem Erzeugen perfekter Fotomontagen, sondern sind geeignet, bestimmte stilistische Verfremdungseffekte zu erzeugen. Wir werden jetzt einige der wichtigsten Filter aus dieser Kategorie kennenlernen:

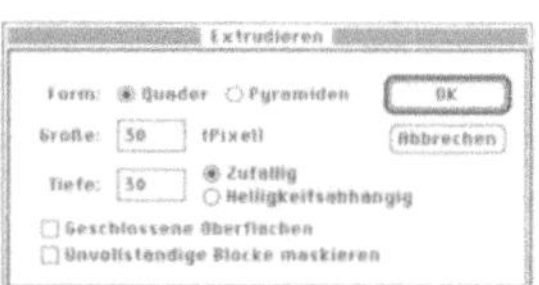

Extrudieren erzeugt eine interessante Struktur, die aussieht, als wären aus dem Bild kleine Quader oder Pyramiden herausgezogen.

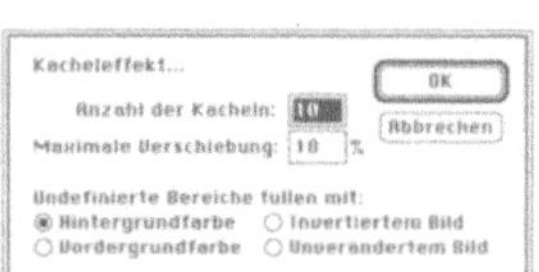

Beim **Kacheleffekt...** wird das Bild in einzelne Kacheln zerschnitten, die mit zufälligen Verschiebungen auf einen wählbaren Hintergrund gesetzt werden.

Der Filter **Konturen finden** sucht nach Konturen von Objekten im Bild, die in den meisten Fällen durch krasse Farbübergänge in Erscheinung treten. Die so gefundenen Kanten werden in weiße (bei RGB-Bildern farbige) Linien umgewandelt, so daß gescannte Fotos wie Strichzeichnungen erscheinen. Sie werden es sicher schon bemerkt haben: Dieser Filter arbeitet nahezu genau so wie unser eigener, den wir oben definiert haben.

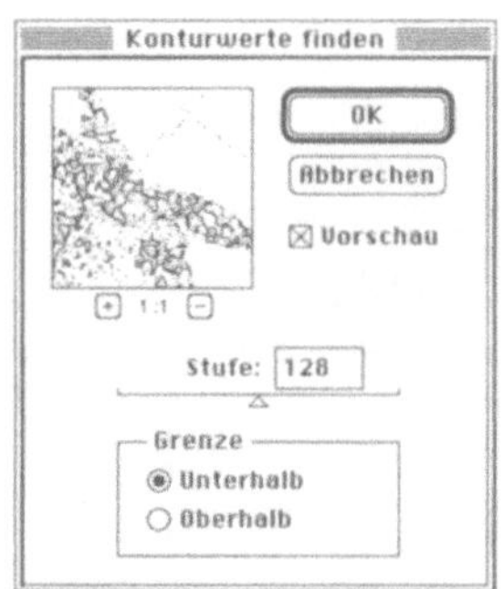

Konturwerte finden... erlaubt Ihnen, z. B. in einem Graustufenbild nach einer ganz bestimmten Intensität zu suchen. Nur die Bildpunkte mit der angegebenen Intensität werden weiß, der Rest schwarz.

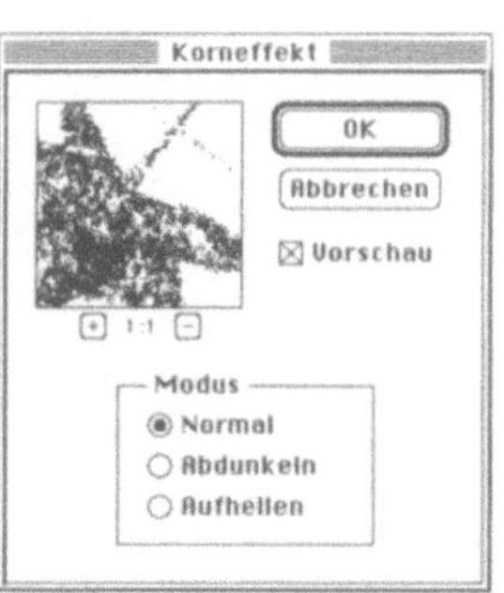

Der **Korneffekt...**-Filter vermischt zufallsverteilt einzelne Bildpunkte innerhalb kleiner Bereiche. Dadurch läßt sich grobkörniger Film bzw. Entwicklungsverfahren simulieren, bei denen z. B. durch abweichende Temperierung die Körnung des Films vergröbert wird.

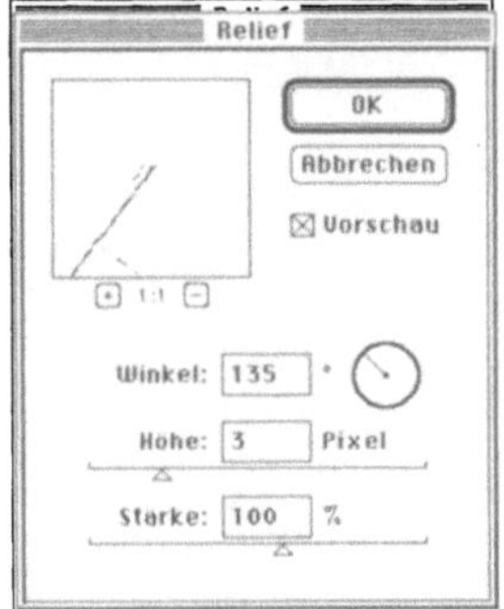

Der **Relief...**-Filter unterdrückt die Farbinformation der Flächen und unterstreicht die Kanten durch einen Schatten, dessen Richtung, Breite und Intensität Sie im Dialog einstellen können. Dadurch kommt ein Reliefeffekt zustande; Graustufenbilder wirken plötzlich wie aus Stein gemeißelt.

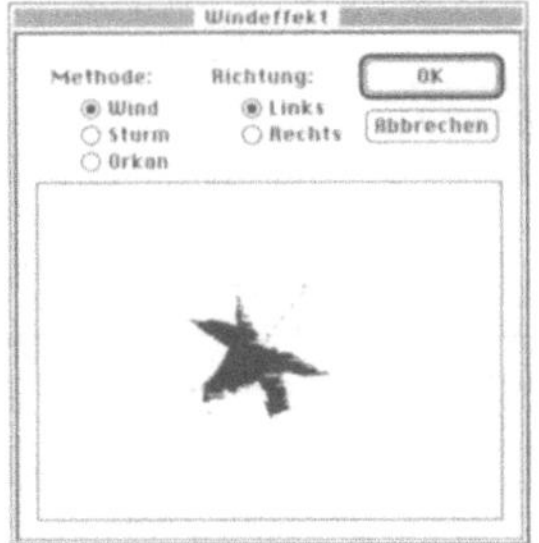

Der **Solarisation**-Filter simuliert das gleichnamige Verfahren aus der Dunkelkammertechnik, bei dem ein belichteter Film bzw. ein belichtetes Fotopapier während der Entwicklung kurzzeitig dem Licht ausgesetzt wird.

Der **Windeffekt...**-Filter zieht horizontale Streifen über das Bild, die (mehr oder weniger) Wind, Sturm bzw. Orkan simulieren sollen.

9.3.4 Störungsfilter

Die vier **Störungsfilter** erzeugen bzw. entfernen zufallsverteilte, unregelmäßige Bildpunkte.

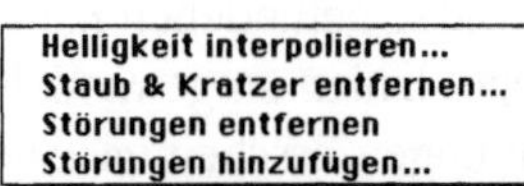

Filter: Störungsfilter:

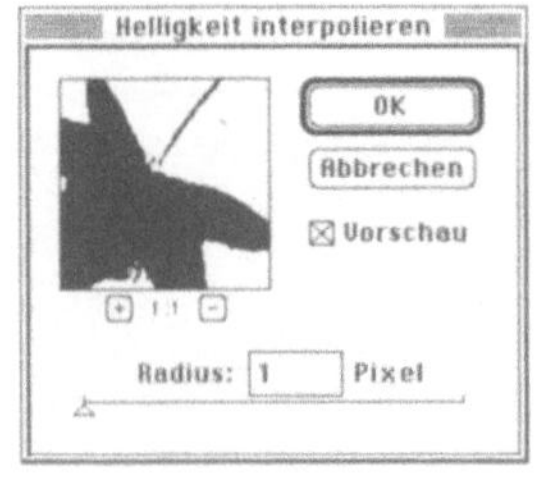

Der Filter **Helligkeit interpolieren...** entfernt Störungen, indem er kleine, einzelne Pixelansammlungen, deren Farbe stark vom Hintergrund abweicht, durch den Durchschnittswert der umliegenden Pixel ersetzt. Wieviele der Nachbarpixel dabei in die Berechnung eingehen, legen Sie durch den Radius fest.

Staub und Kratzer entfernen... und **Störungen entfernen...** arbeiten ganz ähnlich; beeinflußt werden jedoch ausschließlich einzelne, hervorstechende Pixel bzw. dünne Linien, deren Helligkeit an die Umgebung angeglichen und gleichzeitig auf die Nachbarpixel verteilt wird.

Der Filter **Störungen hinzufügen...** streut willkürlich gefärbte Pixel in das Bild bzw. die Auswahl. Eine sinnvolle Anwendung dafür bietet sich immer dann, wenn Sie die Malwerkzeuge in bestehenden Fotos verwenden: Oft entstehen dann sichtbare Kanten zwischen Foto und Nachbearbeitung. Durch Störungen im selbstgemalten Bereich fügen diese sich natürlicher in den Hintergrund ein. Menge (zwischen 1 und 999) und Art der Verteilung (die Gaußsche Normalverteilung wirkt im allgemeinen natürlicher, siehe dazu Kap. 9.3.8) können Sie im Dialog wählen.

Eine weitere nützliche Anwendung des Filters **Störungen hinzufügen...** sind Farbverläufe, die von RGB in indizierte Farben umgerechnet werden sollen. Vorheriges Hinzufügen von Störungen führt dabei oft zu wesentlich besseren Ergebnissen, da für die Darstellung des Verlaufs nun mehr Farben verwendet werden und weniger sichtbare Abstufungen entstehen.

9.3.5 Vergröberungsfilter

Beim ersten Filter dieser Kategorie, dem **Facetteneffekt**, werden kleine Bereiche ähnlicher Farbe zusammengefaßt, Details des Bildes gehen dadurch verloren. Das Bild erhält ungefähr das Aussehen eines Ölgemäldes. Dieser Filter arbeitet ohne Dialog.

Der **Farbraster...**-Filter simuliert die Wirkung eines CMYK-Druckvorgangs, indem er ein Punktraster erzeugt, das mit den vier Grundfarben übereinander abgebildet wird. Es werden dadurch die für Farbdruck typischen Rosetten bzw. bei falschen Rasterwinkeln die Moiré-Muster sichtbar.

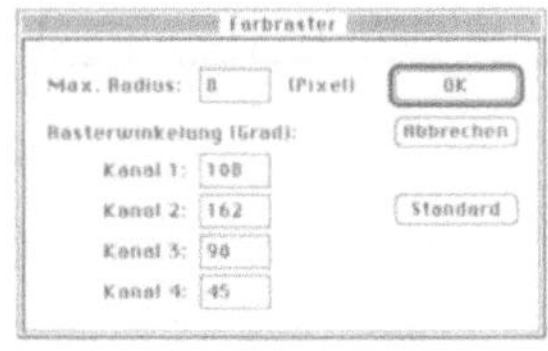

Der Filter **Kristallisieren...** greift in mehr oder weniger regelmäßigen Abständen einzelne Bildpunkte heraus und dehnt diese zu kleinen unregelmäßigen Vielecken, deren Größe Sie über den Wert „Zellengröße" bestimmen können. Der dadurch erzielte Effekt wirkt genau wie beim Betrachten des Bildes durch „Riffelglas".

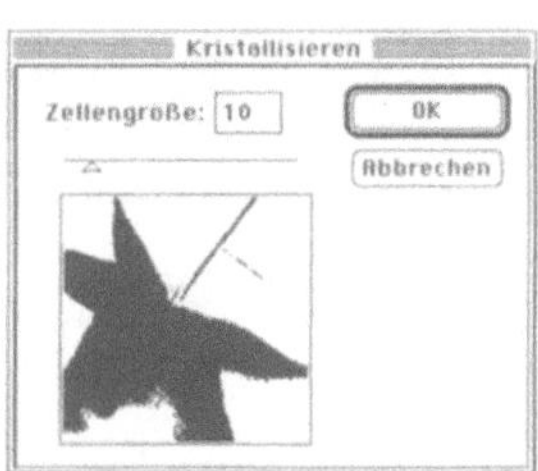

Der **Mosaikeffekt...** erzeugt einfach eine sehr stark vergröberte Version des Bildes, die wie eine besonders primitive Bitmap aussieht.

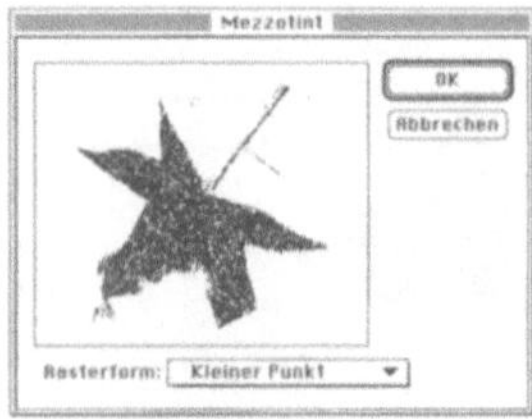

Punktieren... nimmt an Stellen, die von der „Zellengröße“ abhängen, eine Farbprobe aus dem Bild und bringt Kreise dieser Farbe auf den Hintergrund auf. Wenn die Zellen dabei zu groß gewählt werden, ist bald nichts mehr vom ursprünglichen Motiv zu erkennen. Es entstehen aber dekorative Muster, die sich wiederum als Hintergrund für andere Bilder eignen.

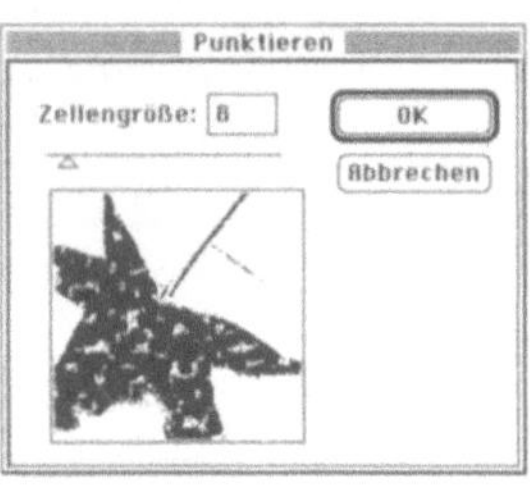

Mit dem Filter **Verwackelungseffekt** erzielen Sie die gleiche Wirkung wie beim Verwackeln mit der Kamera.

9.3.6 Verzerrungsfilter

Die diversen **Verzerrungsfilter** haben die Aufgabe, das Bild bzw. den Inhalt der Auswahl nach bestimmten Regeln geometrisch zu verzerren. Die Auswirkungen einiger der Filter werden nachfolgend am Beispiel eines 10 x 10 - Schachbrettmusters bzw. eines entsprechenden Gittermusters demonstriert:

Distorsion...
Glas...
Kräuseln...
Ozeanwellen...
Polarkoordinaten...
Schwingungen...
Strudel...
Verbiegen...
Versetzen...
Weiches Licht...
Wellen...
Wölben...

Der **Distortion...**-Filter verzerrt das Bild auf das Zentrum der Auswahl hin, wodurch der ausgewählte Bereich in sich schrumpft. Die stärkste „Schrumpfung“ findet dabei im Zentrum der Auswahl statt und nimmt zu den Rändern hin ab. Dabei können Sie einen Intensitätsgrad (in Prozent) bestimmen.

Mit diesem Filter können Sie übrigens auch eventuelle „Fischaugen“-Verzerrungen von echten Aufnahmen kompensieren.

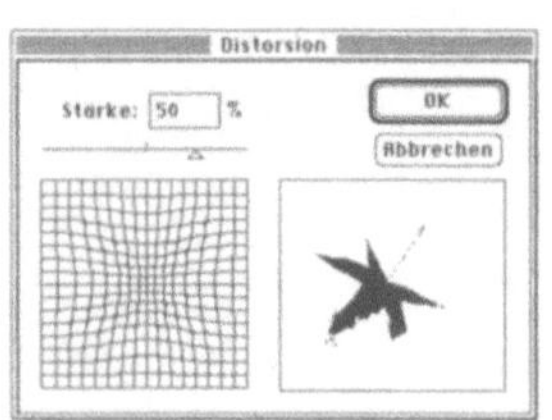

Distortion (75%)

Für den gegenteiligen Effekt, was also der Wirkung eines Fischaugen-Objektives nahekommt, können Sie auch negative Werte (bis -100%) in den Dialog eingeben. Sparsam angewandt, können Sie mit diesem Filter ausgewählte Objekte im Bild durch Vergrößerung hervorheben oder durch Verkleinerung zurücktreten lassen, aber Vorsicht: Bedenken Sie, daß das Objekt auch in sich verzerrt wird.

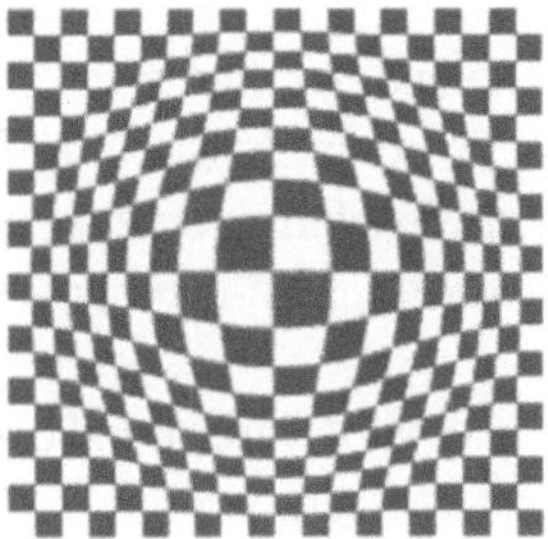

Distortion (-75%)

Der **Kräuseln-Filter...** verzerrt das Bild wellenartig, als würde es sich in einem leicht bewegten See spiegeln. Dabei können Sie die Anzahl der Wellen sowie deren Stärke im Dialog vorgeben.

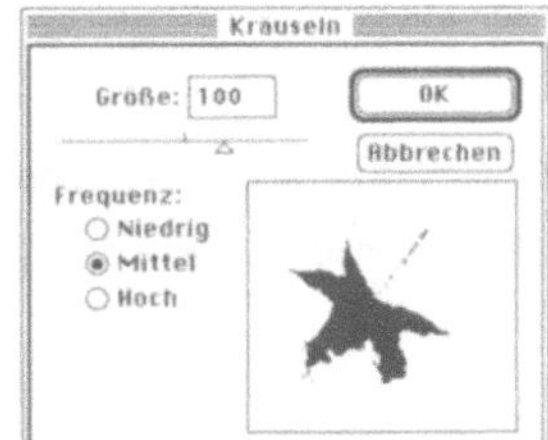

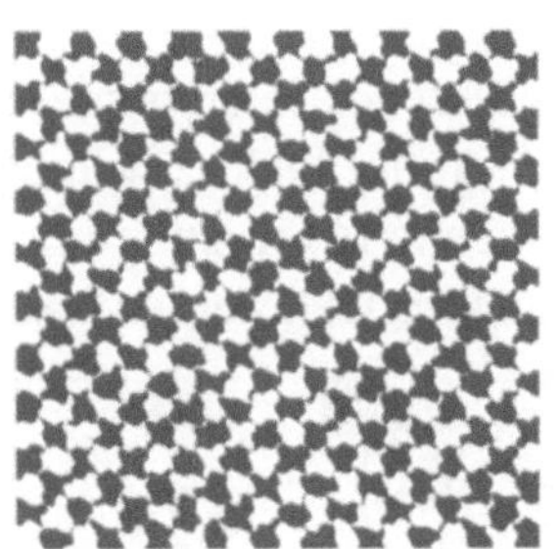

Der **Polarkoordinaten...**-Filter führt eine zunächst rein mathematische Transformation aus, deren Nutzen für die Bildbearbeitung auf den ersten Blick nicht ersichtlich wird: Dabei werden sämtliche Punkte des Bildes von ihrer Beschreibung in Rechteck-Koordinaten (jeder Punkt wird durch eine vertikale und eine horizontale Position bestimmt) in Polarkoordinaten umgewandelt (dabei wird jeder Punkt einer Fläche durch einen Winkel und den Abstand vom Nullpunkt festgelegt).

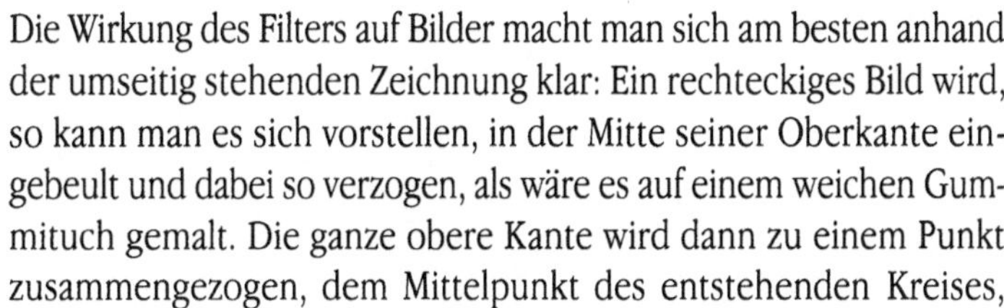

Die Wirkung des Filters auf Bilder macht man sich am besten anhand der umseitig stehenden Zeichnung klar: Ein rechteckiges Bild wird, so kann man es sich vorstellen, in der Mitte seiner Oberkante eingebeult und dabei so verzogen, als wäre es auf einem weichen Gummituch gemalt. Die ganze obere Kante wird dann zu einem Punkt zusammengezogen, dem Mittelpunkt des entstehenden Kreises,

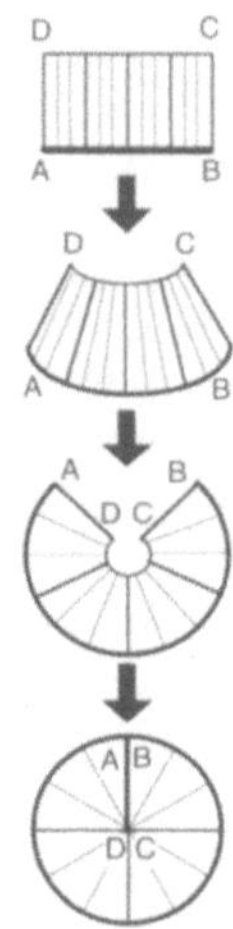

Verzerrung bei Anwendung des Filters „Polarkoordinaten" auf ein Rechteck

während die Unterkante des Rechtecks sich zum Kreisumfang aufbiegt (siehe Randspalte).

Ein Beispiel für die Anwendung dieses Filters ist die Herstellung eines Farbrades. Dabei wird zunächst ein HSB-Farbverlauf durch das ganze Spektrum als Streifen in einem Rechteck erzeugt und darauf dann der Polarkoordinaten-Filter angewendet.

Unser Schachbrettmuster wird durch den Polarkoordinaten-Filter fast bis zur Unkenntlichkeit verzerrt.

Im umgekehrten Fall (Polar -> Rechteckig) wird die Winkel/Abstand-Beschreibung jedes Bildpunktes herangezogen und als rechtwinklige Koordinaten (vertikale / horizontale Position) interpretiert. Dabei entsteht aus einem Schachbrettmuster die nebenstehende Arkadenstruktur.

Dieser Filter stellt zunächst eine interessante mathematische Spielerei dar, kann jedoch in der Bildbearbeitung von Nutzen sein, wenn rechtwinklig orientierte Strukturen in kreisförmige, konzentrische Gebilde umgewandelt werden sollen oder umgekehrt.

Polarkoordinaten (r nach p)

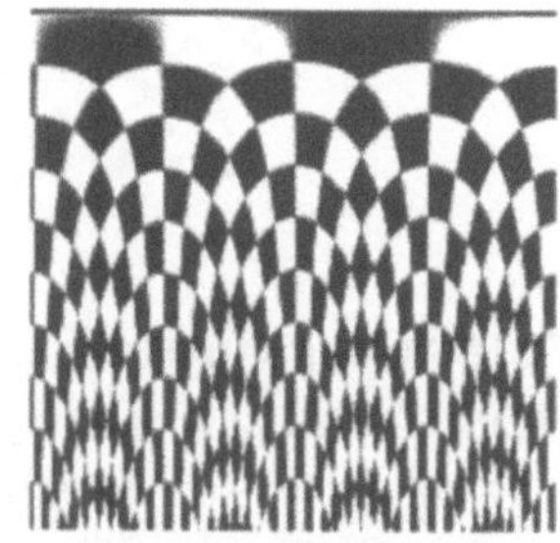

Polarkoordinaten (p nach r)

ÜBUNG Erzeugen Sie bitte ein Farbrad bzw. einen Farbkreis, wie in Kapitel 6 beschrieben.

Der **Schwingungen...** -Filter verwendet mehrere „Wellengeneratoren“, deren Wirkung je nach Anzahl und eingestellten Parametern stark variieren kann.

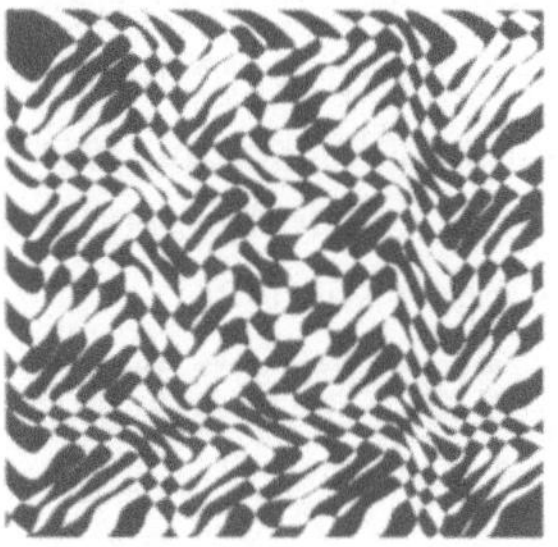

Der **Strudel...** -Filter verdreht die Auswahl in sich um den von Ihnen vorgegebenen Winkel. Dabei wird das Zentrum der Auswahl um soviel Grad verdreht, wie Sie im Dialog angeben; die umliegenden Bereiche werden bis zum Rand der Auswahl „mitgezogen“. Um eine Linksdrehung zu erreichen, können Sie hier negative Winkel eingeben.

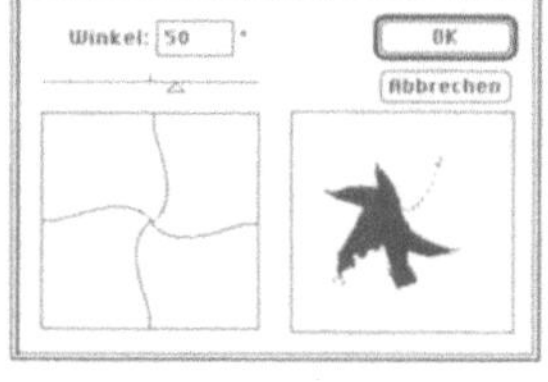

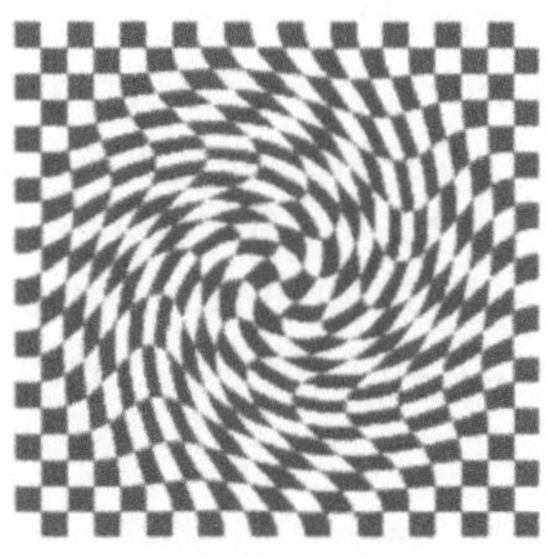

Strudel (180°)

ÜBUNG

Wählen Sie bitte die aufgeschnittene Zitrone im Bild „Obst“ aus. Verwenden Sie dazu am besten das Oval-Auswahlwerkzeug und benutzen Sie die Optionstaste, um die kreisförmige Schnittfläche vom Zentrum aus auszuwählen. Wenden Sie nun den Strudel...-Filter mit 300° an, um aus der Zitrone eine „Zyklone“ zu machen.

Der **Verbiegen...** -Filter erlaubt es, zum Beispiel Schrift so zu verzerren, daß die Buchstaben eine „Spannung“ bekommen. Eine senkrecht verlaufende Schrift können Sie außerdem mit ihrer Schreiblinie entlang eines Bogens verzerren. Nicht nur einfache Verzerrungen können definiert werden. Die senkrechte Linie in dem Dialog erhält durch Anklicken mit der Maus weitere Kontrollpunkte, so daß auch sinusförmige oder kompliziertere Verbiegungen definiert werden können.

Versetzen... sollte trotz seines ähnlichen Namens nicht mit dem Filter Verschiebungseffekt verwechselt werden. Er ist ein ganz besonders komplexer Filter. Dabei werden die in den ersten beiden Farbkanälen einer RGB-Bilddatei gespeicherten Werte als X- bzw. Y-Versetzungswerte für die Bildpunkte herangezogen. Ein mittlerer Grauwert von 128 in einem Kanal bewirkt dabei eine Versetzung von null, alle anderen Werte versetzen den korrespondierenden Bildpunkt.

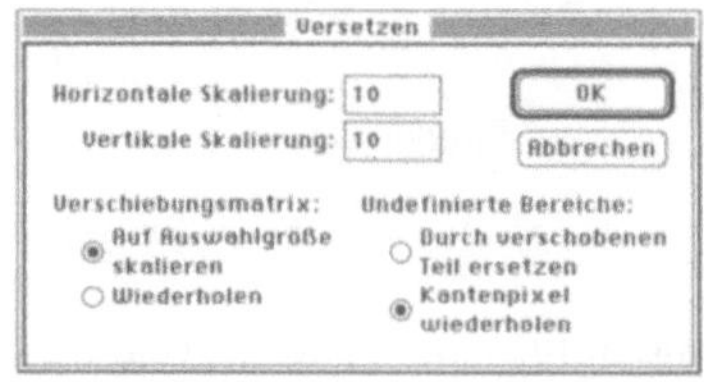

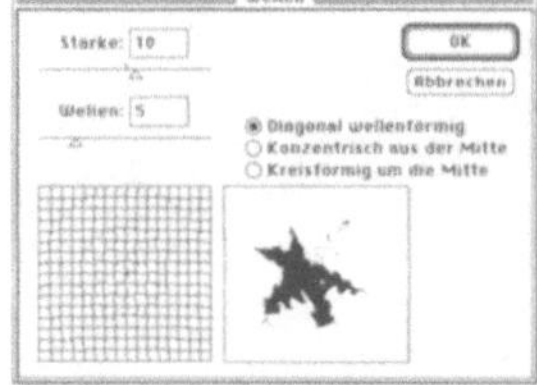

Der **Wellen...** -Filter simuliert etwa die Wellen, die beim Hineinfallen eines Steines in eine Wasseroberfläche entstehen. Abhängig von den Einstellungen wird die Wasseroberfläche (Bildfläche) diagonal, konzentrisch bzw. kreisförmig verzerrt. Alle drei Varianten führen zu recht ähnlichen Ergebnissen.

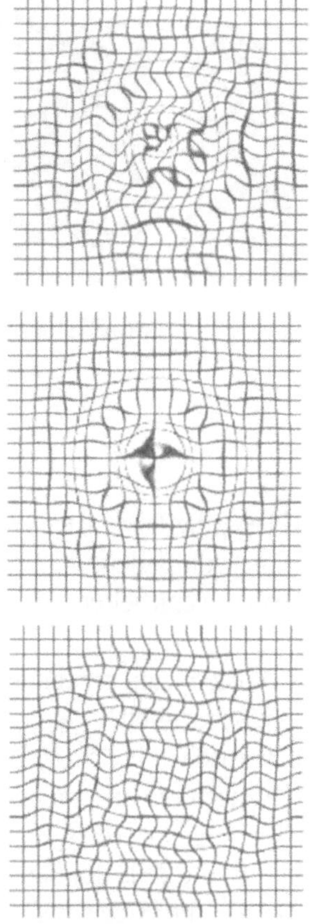

Wellen (diagonal, konzentrisch, kreisförmig)

Der **Wölben...** -Filter zieht das Bild bzw. die Auswahl auf eine kugelförmige Oberfläche auf, sofern Sie als Modus „Normal" wählen. Dieser Effekt eignet sich besonders, um im Rahmen einer Fotomontage flächige Bilder auf ein kugelförmiges Objekt zu projizieren.

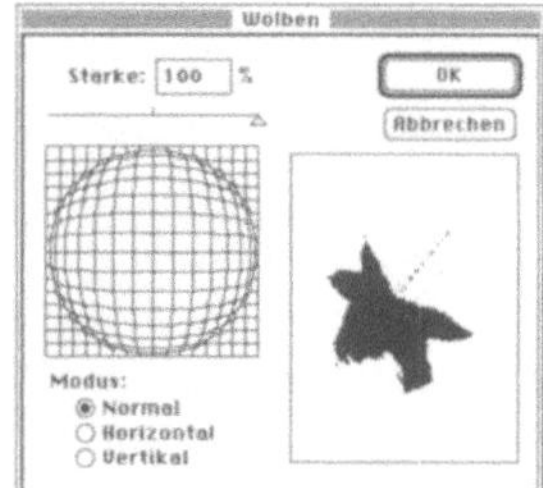

Wenn Ihre Auswahl weder rechteckig noch kreisförmig ist, zieht der Wölben-Filter das Bild auch auf die beliebig geformte Auswahl auf.

Wenn Sie statt „Normal" als Modus „Horizontal" oder „Vertikal" wählen, wird die Auswahl statt auf eine Kugel auf einen Zylinder projiziert. Falls Sie z. B. für einen Werbeentwurf ein Bild nebst Schriftzug auf eine Dose oder eine Flasche „aufkleben" müssen, dürfte dieser Filter für Sie interessant sein.

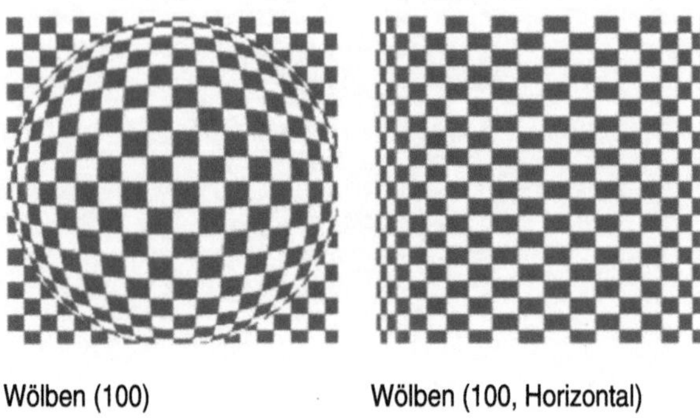

Wölben (100) Wölben (100, Horizontal)

9.3.7 Videofilter

De-Interlace...
NTSC Farben

Die beiden **Videofilter**, die Filter **De-Interlace...** und **NTSC Farben**, sind nur von Bedeutung, wenn Sie digitalisierte Videobilder in Photoshop verarbeiten.

Der **De-Interlace...**-Filter kann verwendet werden, wenn ein einzelnes Standbild aus einer schnell bewegten Szene digitalisiert wurde. Durch das beim Fernsehen übliche Zeilensprungverfahren (sog. Interlace), bei dem zuerst die ungeraden und dann die geraden Zeilen des Bildes übertragen werden, kann es in solchen Fällen vorkommen, daß jede zweite Zeile des Bildes sichtbar zu einem anderen Bild gehört. Der De-Interlace-Filter entfernt jede zweite Zeile und interpoliert deren Inhalt aus den übrigen Zeilen, wobei Sie einstellen können, ob Sie die geraden oder die ungeraden Zeilen behalten möchten.

Der Filter **NTSC Farben** schränkt die Farben des Bildes ein, um einen Übersättigungseffekt auszugleichen, der beim Digitalisieren von Videobildern der US-Fernsehnorm NTSC auftreten kann. Da bei uns statt NTSC die PAL-Norm verwendet wird, dürfte dieser Filter für Sie kaum von Nutzen sein.

9.3.8 Weichzeichnungsfilter

Bewegungsunschärfe...
Gaußscher Weichzeichner...
Radialer Weichzeichner...
Stark weichzeichnen
Weichzeichnen

Weichzeichnungsfilter sind Ihnen ebenfalls aus der Fotografie bekannt, wo sie als Objektivvorsatz Verwendung finden. Sie verringern die Schärfe des Bildes, wobei der Effekt jedoch ganz anders wirkt als eine falsche Entfernungseinstellung oder Verwackelung.

Bewegungsunschärfe simuliert eine Unschärfe, wie sie bei zu langen Belichtungszeiten für schnell bewegte Objekte auftritt. Sie können mit diesem Filter typische Sportaufnahmen simulieren, oder die Reklame für einen Sportwagen „schneller" machen.

Die **Weichzeichnungsfilter** in Photoshop unterscheiden sich durch die Intensität und die Art ihrer Wirkung. Bei dem Filter **Gaußscher Weichzeichner...** können Sie genau den Wirkungsradius bestimmen. Dieser Filter ist nach dem Mathematiker Carl Friedrich Gauß benannt, dessen Portrait Sie übrigens auf den neuen 10-DM-Scheinen finden können. Auf demselben Geldschein ist auch die von Gauß entdeckte sog. Normalverteilungskurve abgebildet, die diesem Filter zugrundeliegt: Stellen Sie sich eine solche Kurve räumlich um ihren höchsten Punkt rotiert vor, so entsteht eine dreidimensionale „Glocke". Diese wird nun Bildpunkt für Bildpunkt über das gesamte Bild geschoben, der aktuelle Bildpunkt erhält einen neuen Wert anhand der umliegenden Punkte, die dabei dem Kurvenwert entsprechend in die Berechnung einfließen, wobei der nebenstehende Effekt entsteht. Mit dem Wert im Dialog des Gaußschen Weichzeichners stellen Sie den Radius dieser Glocke ein.

Gaußscher Weichzeichner (3pt)

Der Filter **Radialer Weichzeichner...** erlaubt zwei Einstellungen, „kreisförmig" und „strahlenförmig". Während der erste, sehr zeitaufwendige Filter die Unschärfe durch rotierendes Verwackeln simuliert, erzeugt der zweite eine Unschärfe, die mit wachsender Entfernung vom Zentrum zunimmt.

Neben diesen Filtern existieren noch die Filter **Weichzeichnen** und **Stark weichzeichnen**, für die keine exakten Parameter eingegeben werden können. Sie entsprechen in ihrer Wirkungsweise etwa dem Gegenteil des normalen und des starken Scharfzeichners. Bedenken Sie aber, daß die Filter nicht informationserhaltend arbeiten. Ein Bild, das einmal z. B. mit einem Weichzeichner behandelt wurde, wird durch einen Scharfzeichner wohl wieder etwas schärfer, es wird aber nie mehr wie das Original.

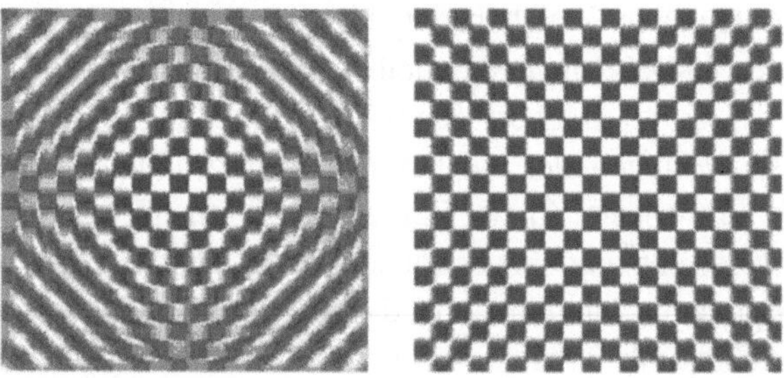

9.3.9 Sonstige Filter

Dunkle Bereiche vergrößern...
Eigener Filter...
Helle Bereiche vergrößern...
Hochpass...
Verschiebungseffekt...

Unter **Sonstige Filter** werden die Filter zusammengefaßt, die sich keiner anderen Gruppe eindeutig zuordnen lassen:

Der erste dieser Filter ist der von Ihnen selbst definierbare Filter, **Eigener Filter...**. Diese Filterart bietet Ihnen ein besonderes Maß an Flexibilität, da Sie deren Funktionsweise selber definieren können. Allerdings gehören schon eine gewisse Vorstellungskraft und etwas Planung dazu, einen gewünschten Effekt zu erzielen, so daß dieser Filtertyp wahrscheinlich nur in seltenen Spezialfällen zur Anwendung kommen wird. Dennoch eignet er sich sehr gut, um die allgemeine Funktionsweise der Photoshop-Filter zu verstehen, da viele der vorgegebenen Filter wie Scharfzeichner, Weichzeichner etc. intern nach ähnlichen Prinzipien arbeiten.

Bei einem Filter dieser Art wird der neue Helligkeitswert eines Bildpunktes (ggf. für jede Farbe getrennt) aus dem alten Wert an dieser Stelle und den Werten der Punkte in der Nachbarschaft ermittelt. Wenn Sie den Menüpunkt **Filter: Sonstige Filter: Eigener Filter...** wählen, öffnen Sie damit den nebenstehenden Dialog.

In einer rechteckigen Tabelle aus 5 x 5 Eingabefeldern können Sie hier die Gewichtungsfaktoren eingeben, mit denen bei der Anwendung des Filters benachbarte Bildpunkte in die Berechnung des neuen Punktes eingehen. Dazu wird der Filter Punkt für Punkt über das Bild geschoben. Der alte Wert des jeweiligen Punktes wird mit dem mittleren Wert in der Tabelle (der „5“ im oberen Bild) multipliziert, die umliegenden Punkte mit den entsprechenden Werten (im Bild oben würden die Bildpunkte links, rechts, oberhalb und unterhalb des aktuellen Punktes mit -1 multipliziert). Zum Ergebnis wird nun noch der im Feld „Verschiebung“ eingegebene Wert addiert und das Ganze durch die in „Skalierung“ angegebene Zahl dividiert. Der gefundene Wert ist die neue Helligkeit des Bildpunktes in der entsprechenden Farbe.

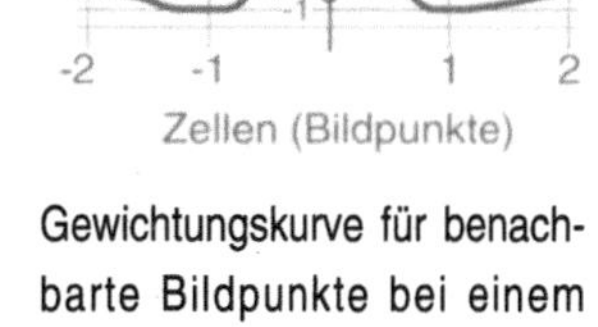

Gewichtungskurve für benachbarte Bildpunkte bei einem Kantensuchfilter („Mexican hat“)

Man kann sich leicht vorstellen, daß dieses Verfahren geeignet ist, ein Bild verschwimmen zu lassen, also ein Weichzeichnungsfilter zu bauen. Wie kann nun aber durch einen solchen Filter z. B. eine Kante gefunden werden?

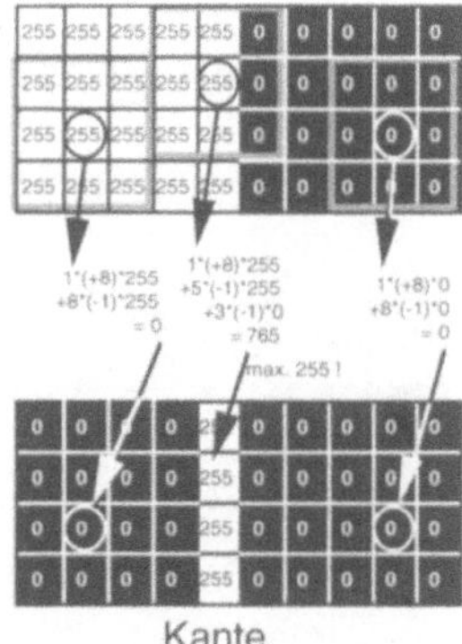

Berechnung am Übergang zwischen Weiß und Schwarz

Erstaunlicherweise funktioniert die Netzhaut unseres Auges auf ganz ähnliche Weise und verstärkt Konturen in der Wahrnehmung (daß uns das normalerweise nicht auffällt, liegt daran, daß wir keinen Vergleich haben). Was vom Auge an das Gehirn gesendet wird, ist nicht direkt der gemessene Wert jeder Sehzelle, sondern davon wird ein gewisser Teil abgezogen, wenn benachbarte Zellen auch Licht empfangen. Die nebenstehende Berechnung zeigt, daß auf diese Weise tatsächlich Kanten zwischen schwarzen und weißen Flächen hervorgehoben werden, während die Flächen selbst unterdrückt werden. Natürlich führt das Auge diesen Prozeß nicht so radikal aus wie hier gezeigt, so daß nur noch Kanten übrig bleiben würden. In unseren Augen werden die Kanten nur ein wenig gegenüber den Flächen hervorgehoben.

Übung Definieren Sie bitte einen eigenen Filter zum Suchen von Kanten. Wenden Sie diesen auf ein selbst erzeugtes Bild aus schwarzen und rein weißen Figuren an (Bild links). Wie wirkt Ihr selbstdefinierter Filter auf Grautonbilder und Farbbilder? Probieren Sie bitte auch einige Abwandlungen Ihres Filters mit anderen Gewichtungen der Nachbarpunkte aus.

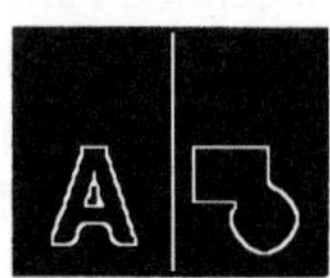

Anwendung des eigenen Filters
auf ein schwarzweißes Bild

Photoshop verfügt über eine ganze Menge Filter, deren Funktion sich auf die eben besprochene Methode zurückführen lassen. Wir werden im folgenden noch die wichtigsten dieser Filter kennenlernen.

Mit den Filtern **Dunkle Bereiche vergrößern...** bzw. **Helle Bereiche vergrößern...** können Sie bestimmte Details oder Kanten im Bild abhängig von deren Helligkeit hervortreten lassen bzw. abschwächen. Der Filter **Dunkle Bereiche vergrößern...** dehnt dabei Bildpunkte umso stärker aus, je dunkler sie sind, und verkleinert dadurch gleichzeitig hellere Bereiche. Der Filter **Helle Bereiche vergrößern...** wirkt genau umgekehrt. Der Radius, den Sie dabei einstellen können, bestimmt, wie groß der Bereich ist, der zur Feststellung der helleren bzw. dunkleren Pixel herangezogen wird.

Dieser Filter ist z. B. brauchbar, wenn Sie eine schlechte und zu helle Bildvorlage einer Strichzeichnung später in eine Vektorgrafik umwandeln wollen. Denn dabei sollten zusammengehörige Striche auf keinen Fall unterbrochen sein. Zu dicke Striche sind nicht weiter schlimm, später können Sie ja die Strichstärke der Objekte leicht verändern. Die Anwendung des Filters **Dunkle Bereiche vergrößern...** vor dem Vektorisieren läßt kleine Lücken zusammenlaufen.

Eine weitere Aufgabe aus der Praxis läßt sich damit ebenfalls sehr gut lösen: Wenn Sie eine eingescannte Strichzeichnung mit sehr dünnen Strichen verkleinern wollen, würden unter Umständen zu viele Details völlig verschwinden. Wenden Sie vor dem Verringern der Bildgröße den Filter **Dunkle Bereiche vergrößern...** an, um ein detailreicheres Ergebnis zu erhalten.

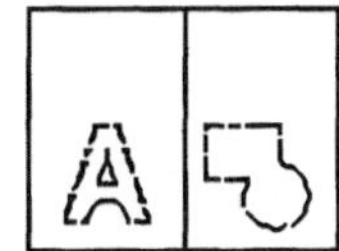
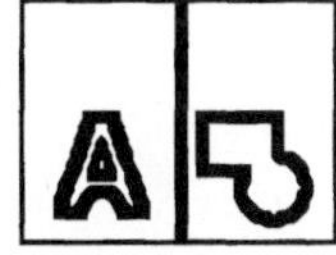

Vorverarbeitung einer Strichzeichnung
mit dem Filter „Dunkle Bereiche vergrößern..."

Mit dem **Verschiebungseffekt...** werden die ausgewählten Bildteile um den von Ihnen vorgegebenen Betrag verschoben. (Um Verschiebungen nach links oder oben zu erreichen, geben Sie hier negative Werte ein.) Darüberhinaus können Sie festlegen, wie die durch die Verschiebung freiwerdenden Bereiche aufgefüllt werden sollen.

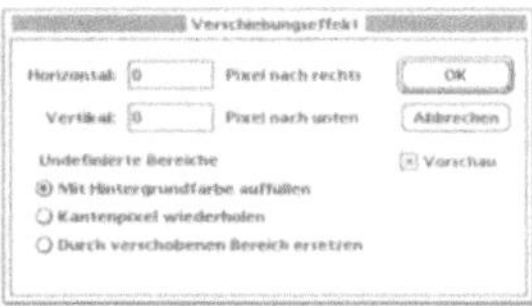

Der **Hochpass...**-Filter bewirkt eine Kontrastverstärkung an den Kanten. Er wirkt sich auf alle Motive aus, die kleiner als der eingegebene Radius sind. Niedrige Werte erhöhen die Wirkung. Sie können für diesen Filter auch nicht ganzzahlige Werte eingeben.

Arbeiten mit Kanälen

10 Arbeiten mit Kanälen

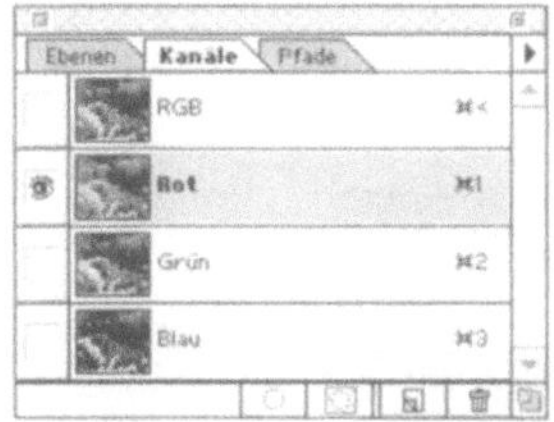

Wir haben bereits in den Kapiteln 5.3 und 5.4 Kanäle kennengelernt. Dort war in erster Linie von solchen Kanälen die Rede, die je nach verwendetem Farbmodell verschiedene Teilinformationen eines Bildes enthielten.

Eine weitere, sehr wichtige Anwendung von Kanälen wurde nur kurz angesprochen: Sogenannte Alpha-Kanäle, die zur Speicherung von jeweils einem weiteren Graustufenbild gleicher Größe dienen können. Alpha-Kanäle können Sie mit **Neuer Kanal** im Menü rechts oben in der Kanalpalette oder durch Klicken auf das Symbol für Neu am unteren Rand des Palettenfensters erzeugen. Wenn Sie einem Bild einen Alpha-Kanal hinzufügen, wird es als „Mehrkanalbild“ bezeichnet.

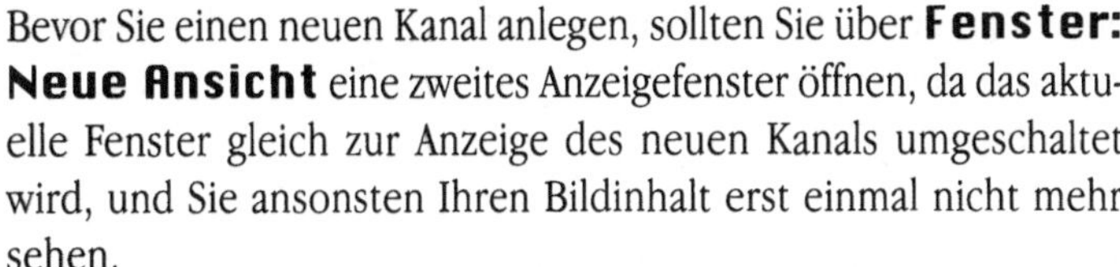

Bevor Sie einen neuen Kanal anlegen, sollten Sie über **Fenster: Neue Ansicht** eine zweites Anzeigefenster öffnen, da das aktuelle Fenster gleich zur Anzeige des neuen Kanals umgeschaltet wird, und Sie ansonsten Ihren Bildinhalt erst einmal nicht mehr sehen.

Mit **Kanal löschen** aus dem gleichen Menü oder dem winzigen Papierkorb-Symbol im Rahmen der Palette ist es möglich, überflüssige Kanäle wieder aus dem Bild zu entfernen. Ein Bild kann insgesamt bis zu 16 Kanäle enthalten, bei einem CMYK-Bild mit vier Farbkanälen also noch maximal zwölf Alpha-Kanäle.

10.1 Farbkanäle einzeln bearbeiten

In einigen Fällen ist es sinnvoll, direkt in einzelnen Farbkanälen zu arbeiten. Wenn Sie beispielsweise eine Auswahl mit dem Zauberstab durchführen wollen, so kann es leichter sein, ein Objekt in demjenigen Farbkanal auszuwählen, in dem es sich am deutlichsten vom Hintergrund abhebt. Direktes Bearbeiten der Farbkanäle eines RGB-Bildes ist z. B. auch die bequemste Möglichkeit, 2-dimensionale Farbverläufe zu erzeugen, ähnlich denjenigen, die auf den Außenflächen des Farbwürfels erscheinen.

Übung

Wenn Sie mit einer 8-Bit-Farbgrafikkarte arbeiten, so sollten Sie für die folgende Übung im Dialog **Ablage: Voreinstellungen: Allgemeine...** die Option „Mit Systemfarbtabelle anzeigen“

ankreuzen, um zu vermeiden, daß bei der Anzeige in den nicht aktuellen Fenstern unerwartete Farbabweichungen auftreten.

Erzeugen Sie bitte ein neues RGB-Bild. Öffnen Sie mit der Funktion **Fenster: Neue Ansicht** drei zusätzliche Fenster, und schalten Sie diese über die Kanalpalette jeweils um zur Anzeige des Rot-, Grün- bzw. Blaukanals. Wählen Sie nun bitte das Verlaufswerkzeug, und erzeugen Sie im blauen Kanal einen Verlauf, der von links Schwarz nach rechts in Weiß übergeht. Sie können beobachten, daß im ursprünglichen Fenster, in dem noch immer die RGB-Darstellung des neuen Bildes sichtbar ist, ein Verlauf von Gelb nach Weiß auftritt. Können Sie das erklären? Löschen Sie nun bitte den roten und den grünen Kanal auf Schwarz. Legen Sie jetzt in den roten Kanal einen Verlauf von oben nach unten. Sie sehen, daß im RGB-Fenster sofort ein 2-dimensionaler Farbverlauf entsteht mit den Farben Schwarz, Blau, Rot und Magenta in den Ecken. Experimentieren Sie bitte mit weiteren Verläufen in den Farbkanälen.

10.2 Alpha-Kanäle bearbeiten

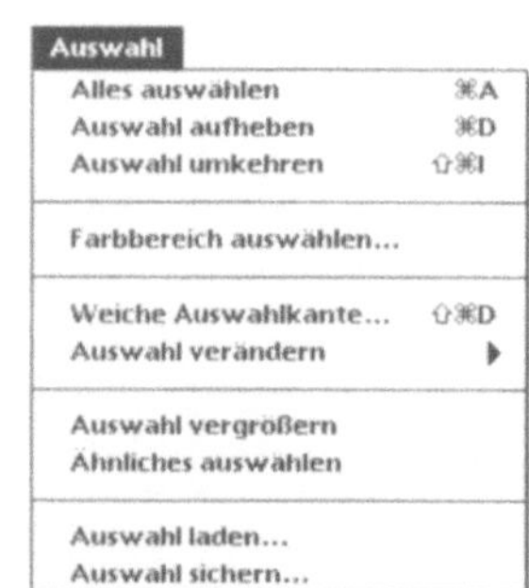

Die Graustufenbilder in einem Alpha-Kanal können aufgefaßt werden als Repräsentation einer Auswahl im eigentlichen Bild. Über die Befehle **Auswahl sichern...** und **Auswahl laden...** im Menü **Auswahl** ist es möglich, eine Auswahl im Bild in einen neuen oder bereits vorhandenen Alpha-Kanal zu übertragen bzw. aus dem Inhalt eines Alpha-Kanals eine Auswahl zu erzeugen. Ausgewählte Bereiche im Bild werden im Alpha-Kanal zu weißen Flächen, nicht ausgewählte zu schwarzen. Ein Grauwert in einem Alpha-Kanal entspricht nach der Umwandlung in eine Auswahl einer ausgefransten Auswahl. Änderungen in diesen Bildbereichen werden nur zu einem der Helligkeit (0..255) im Alpha-Kanal proportionalen Teil ausgeführt. Bei einem Grauwert von 127 wirken sich Änderungen z. B. nur zu 50% aus.

Sie können Alpha-Kanäle auch direkt mit den üblichen Zeichenwerkzeugen bearbeiten, um eine größere Kontrolle über eine zu erstellende Auswahl zu haben. Während die blinkende Auswahlbegrenzung im eigentlichen Bild lediglich den Verlauf der 50%-Marke für Änderungen zeigt, gibt der Grauwert eines Alpha-Kanals die Wirkung von Änderungen an jeder Stelle exakt wieder.

Ein Anwendungsbeispiel für die Verwendung eines Alpha-Kanals ist ein Schriftrelief auf bestehendem Hintergrund. Im folgenden wird eine Technik dazu gezeigt; gleichzeitig dient dieses Beispiel der Wiederholung der Kapitel über Werkzeuge und Filter.

Orangade

ÜBUNG

Öffnen Sie bitte das zuvor im RGB-Modus gespeicherte Bild „Obst" und erzeugen Sie eine **Neue Ansicht**. Erzeugen Sie einen neuen Kanal. Schreiben Sie in dem neuen Kanal den Text „Orangade" an der Stelle, an der sich im Originalbild die linke Orange befindet, und zwar mit der Schrift Helvetica, 18pt, fett, geglättet. Drehen Sie den Schriftzug etwa auf -20°. Wählen Sie nun bitte im Originalbild die Orange aus, und klicken Sie dann wieder auf das Fenster mit dem Alpha-Kanal. Die kreisrunde Auswahl der Orange ist auch hier sichtbar; der Schriftzug sollte sich größtenteils darin befinden. Wählen Sie jetzt bitte den Filter **Wölben...** an, um die Schrift auf eine Kugeloberfläche zu projizieren, dann **Bild: Einstellen: Umkehren**, um damit die Schrift negativ zu machen. Mit **Auswahl: Auswahl umkehren** können Sie nun den Rest des Bildes markieren. Dieser wird durch die Löschtaste bei gedrückter Umschalttaste mit der Vordergrundfarbe Schwarz gefüllt. Heben Sie die Auswahl auf, setzen Sie die Hintergrundfarbe auf Schwarz und radieren Sie ggf. den noch sichtbaren grauen Rand der Orangenauswahl weg. Wählen Sie nun das Originalbild und **Auswahl laden...**. Verschieben Sie nun die Auswahlmarkierung mit den Pfeiltasten um jeweils einen Bildpunkt nach rechts und unten, halten sie dabei die Wahltaste und die Befehlstaste gedrückt. Über **Bild: Einstellen: Helligkeit / Kontrast...** dunkeln Sie nun bitte den Schriftzug merklich ab. Verschieben Sie die Auswahlmarkierung jeweils um zwei Punkte nach links und oben und hellen Sie den Schriftzug deutlich auf. Laden Sie die unverschobene Auswahl erneut aus dem Alpha-Kanal und radieren Sie innerhalb des Schriftzuges mit dem magischen Radiergummi wieder auf die originale Orangenstruktur zurück.

10.3 Berechnungen mit Kanälen

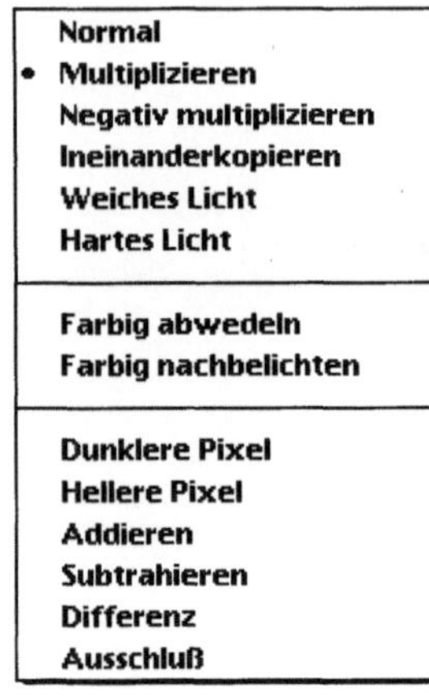

Photoshop sieht auch die Möglichkeit vor, ganze Kanäle auf viele verschiedene Arten miteinander zu verrechnen. Sie finden diese Funktion unter dem Menüpunkt **Bild: Bildberechnungen...**. Das Ergebnis einer solchen Rechnung ist wieder der Inhalt eines Kanals. Die zu verrechnenden Kanäle müssen dazu nicht unbedingt demselben Bild angehören – allerdings müssen die Bilder, aus denen Kanäle verrechnet werden, exakt die gleiche Breite und Höhe (in Pixeln) haben und gleichzeitig geöffnet sein.

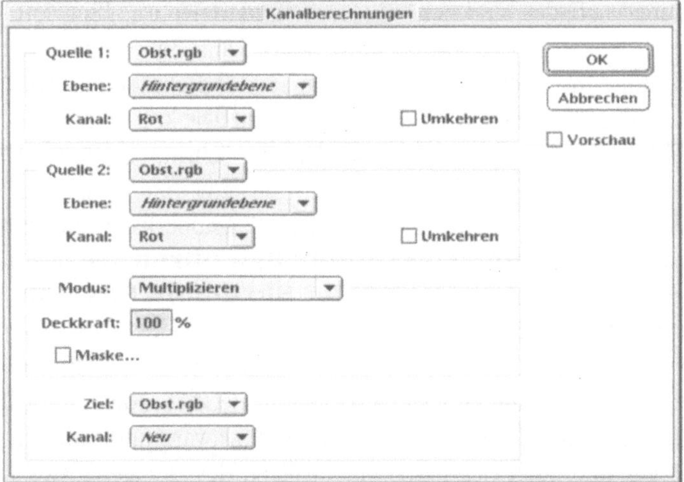

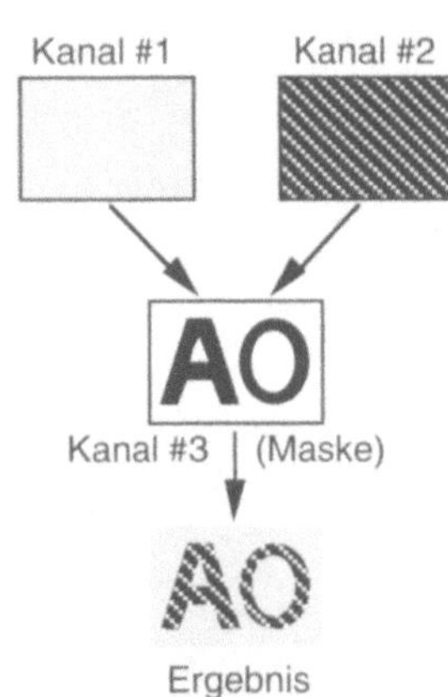

Interessant sind besonders Berechnungen über die optional zur Verfügung stehende Maske. Dabei wird die Bildinformation zweier unterschiedlicher Bilder über einen dritten Kanal, die „Maske", gemischt. An Stellen, an denen der Maskenkanal weiß ist, erscheint im Zielbild das erste der Ausgangsbilder; an schwarzen Stellen der Maske wird das zweite Bild im Ergebnisbild sichtbar. In grauen Bereichen der Maske werden beide Eingangsbilder entsprechend überlagert. Als Quellen und Ziel einer Montage können Sie nicht nur einzelne Kanäle, sondern z. B. auch ganze RGB-Bilder verwenden. Die Maske muß allerdings ein einzelner Kanal mit Graustufeninformation sein.

Für ganze Bilder stehen analog zu den Kanalberechnungen auch Bildberechnungen zur Verfügung.

ÜBUNG

Montieren Sie zwei Bilder so aufeinander, daß ein fließender Übergang stattfindet. Verwenden Sie dazu bitte einen Grauverlauf als Maske. Versuchen Sie das Ganze mit einem Farbbild, und mischen Sie dieses mit einer Grauvariante desselben Bildes durch eine kreisförmig verlaufende Maske, so daß nur noch ein hervorzuhebendes Detail im Bild Farbe mit voller Intensität aufweist, während der Hintergrund mit zunehmender Entfernung vom Detail immer grauer wird.

Arbeiten mit Ebenen

11 Arbeiten mit Ebenen

Transparente Ebenen

In der Photoshop Version 4.0 können Bilder aus bis zu 100 einzelnen Ebenen bestehen, die sich wie Transparentfolien verwenden lassen sowie optional einer undurchsichtigen Hintergrundebene. Sie können Ebenen bearbeiten, verschieben, hinzufügen, löschen, verketten, transformieren und in ihrer Anordnung zueinander verändern. Dokumente, die in einer älteren Version als Photoshop 3.0 erstellt wurden, bestehen nur aus einer einzigen undurchsichtigen Hintergrundebene. In Photoshop 4.0 haben die Ebenen, neben dem Untermenü der Ebenenpalette, ein eigenes Menü. Der große Vorteil von Ebenen ist, daß einzelne Bildteile in einer Fotomontage getrennt voneinander bearbeitet werden können. Die Ebenenfunktionen werden durch die neuen Einstellungsebenen ergänzt.

Um Bilder, die aus mehreren Ebenen bestehen, in einem anderen Dateiformat als Photoshop abzuspeichern, müssen diese zunächst auf die Hintergrundebene reduziert werden.

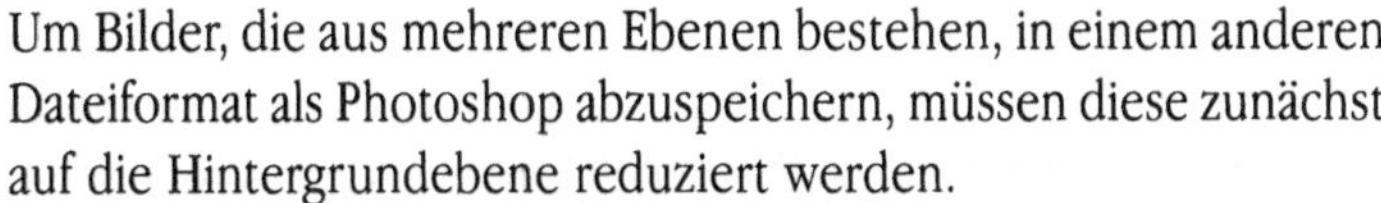

11.1 Arbeiten mit der Ebenenpalette

Die Ebenenpalette

Durch den Befehl **Fenster: Ebenen einblenden** können Sie die Ebenenpalette anzeigen lassen. In der Ebenenpalette werden alle im Bild vorhandenen Ebenen dargestellt. Vor dem Namen der Ebene erschei Ebenen-Thumbnails können Sie einstellen, indem Sie **Paletten-Optionen** aus dem Untermenü der Ebenenpalette wählen. Sie können Ebenen mit Hilfe der Ebenenpalette ein- oder ausblenden. Das Auge im linken Feld vor dem Ebenennamen bedeutet, daß eine Ebenent ein sogenannter Ebenen-Thumbnail, dessen Darstellung bei der Bearbeitung einer Ebene aktualisiert wird. Die Größe des gegenwärtig angezeigt wird.

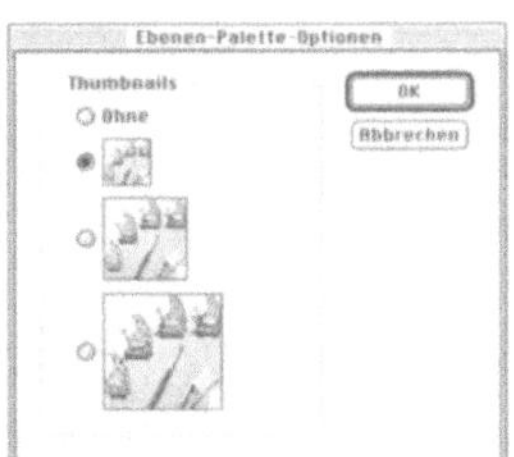

Paletten-Optionen

Die aktive Ebene ist durch ein Pinselsymbol im Feld vor dem Ebenen-Thumbnail gekennzeichnet. Ein Bild kann immer nur eine aktive Ebene enthalten. Beachten Sie, daß sich Änderungen immer nur auf die aktive Ebene auswirken. Durch Klicken auf das Augensymbol einer Ebene können Sie diese ein- oder ausblenden. Um mehrere Ebenen ein- oder auszublenden, ziehen Sie den Cursor bei gedrückter Maustaste über die Augenspalte. Wenn Sie nur eine Ebene darstellen wollen, klicken Sie bei gedrückt gehaltener Optionstaste auf das Augensymbol dieser Ebene, alle anderen Ebenen werden dann ausgeblendet. Durch erneutes Klicken bei gedrückter Optionstaste werden die anderen Ebenen wieder angezeigt. Nur eingeblendete Ebenen sind auch druckbar. In der Ebenenpalette können Sie die Deckkraft jeder Ebene einstellen. Sie aktivieren eine Ebene, indem Sie sie in der Ebenenpalette anklicken.

Ebene
Neu
Ebene duplizieren...
Ebene löschen
Ebenen-Optionen...
Einstellungsebenen-Optionen...
Ebenenmaske hinzufügen
Ebenenmaske aktivieren
Mit darunterliegender Ebene gruppieren
Gruppierung aufheben
Frei transformieren
Transformieren
Anordnen
Mit darunterliegender auf eine Ebene reduzieren
Sichtbare auf eine Ebene reduzieren
Auf Hintergrundebene reduzieren
Hintergrund

Das Ebenen-Menü

Eine neue Ebene können Sie hinzufügen, indem Sie auf das entsprechende Symbol in der Ebenenpalette klicken oder im Paletten-Untermenü **Neue Ebene** wählen. Durch **Ebene: Neu: Ebene** können Sie ebenfalls eine neue Ebene erstellen. Dabei werden alle ggf. noch schwebenden Auswahlbereiche in die neue Ebene eingesetzt. Durch Einsetzen einer Auswahl in ein Dokument wird diese automatisch als neue Ebene eingesetzt; bei älteren Versionen von Photoshop wählen Sie dazu **Bearbeiten: Als Ebene einsetzen**.

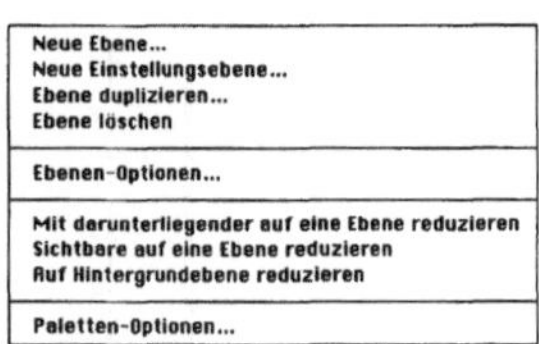
Neue Ebene...
Neue Einstellungsebene...
Ebene duplizieren...
Ebene löschen
Ebenen-Optionen...
Mit darunterliegender auf eine Ebene reduzieren
Sichtbare auf eine Ebene reduzieren
Auf Hintergrundebene reduzieren
Paletten-Optionen...

Das Untermenü der Ebenen-Palette

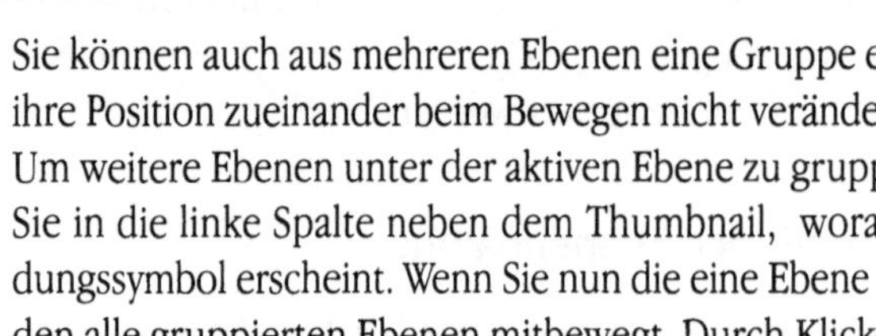

Sie können auch aus mehreren Ebenen eine Gruppe erstellen, wenn ihre Position zueinander beim Bewegen nicht verändert werden soll. Um weitere Ebenen unter der aktiven Ebene zu gruppieren, klicken Sie in die linke Spalte neben dem Thumbnail, worauf das Verbindungssymbol erscheint. Wenn Sie nun die eine Ebene bewegen, werden alle gruppierten Ebenen mitbewegt. Durch Klicken auf das Verbindungssymbol können Sie die Gruppierung auflösen.

11.2 Bewegen, Kopieren, Löschen von Ebenen

Ebenen innerhalb eines Bildes können bewegt, kopiert, verschoben, gelöscht oder anders angeordnet werden. Mit dem Bewegen-Werkzeug können Sie die aktive Ebene im Bildfenster verschieben.

Um eine Ebene innerhalb eines Bildes zu kopieren, gibt es mehrere Möglichkeiten: Wenn Sie die Ebene selbst benennen wollen, wählen Sie **Ebene duplizieren** aus dem Ebenen-Menü oder dem Untermenü der Ebenenpalette. Durch Ziehen des Ebenennamens auf das Symbol für eine neue Ebene in der Palette, wird die Ebene in der Reihenfolge ihrer Entstehung benannt. Sie können Ebenen eines Bildes, auch die Hintergrundebene, in ein anderes Bild kopieren. Wenn Sie eine Ebene auswählen (**Bearbeiten: Alles Auswählen**), können Sie die Ebene kopieren und über **Bearbeiten: Einsetzen** in ein anderes Dokument einfügen; das Bild wird automatisch in eine eigene Ebene gestellt und erscheint auch sofort in der Ebenenpalette der Zieldatei. Sie können eine Ebene oder Ebenengruppe zwischen Bildern kopieren, indem Sie in der Palette der Ausgangsdatei die gewünschte Ebene auswählen und in das Bildfenster der geöffneten Zieldatei ziehen. Wenn Sie während des Ziehens die Umschalttaste gedrückt halten, wird die Ebene in der Mitte der Zieldatei plaziert.

Ebenen können gelöscht werden durch den Befehl **Ebene: Ebene löschen** oder den Befehl **Ebene löschen** aus dem Paletten-Untermenü. Sie können eine Ebene aber auch entfernen, indem Sie sie einfach in der Ebenenpalette auf das Papierkorbsymbol ziehen. Durch das Löschen nicht mehr benötigter Ebenen und schwebender Auswahlbereiche reduziert sich der Speicherbedarf einer Datei. Wenn Sie sicher sind, daß Sie an den Ebenen einer Gruppe nichts mehr verändern wollen, sollten Sie diese auf eine Ebene reduzieren. Wenn die Ebenen übereinander angeordnet sind, wählen Sie **Ebene: Mit darunterliegender auf eine Ebene reduzieren** oder **Mit darunterliegender auf eine Ebene reduzieren** aus dem Untermenü der Ebenenpalette. Dieser Befehl ist nicht verfügbar, wenn die Hintergrundebene aktiv ist. Zum Abspeichern in einem anderen Dateiformat müssen Sie die Datei auf die Hintergrundebene reduzieren. Hierzu wählen Sie **Auf Hintergrundebene reduzieren** aus dem Ebenen-Menü oder dem Untermenü der Ebenenpalette. Wenn Sie **Ablage: Kopie sichern unter...** wählen, reduziert Photoshop die Datei automatisch auf die Hintergrundebene, sobald Sie ein von Photoshop verschiedenes Dateiformat anwählen.

Bei aufwendigen Fotomontagen empfiehlt es sich aber dennoch, eine Version aufzubewahren, die alle verwendeten Ebenen enthält. Dadurch verkürzen sich die Arbeitszeiten bei eventuell anfallenden Korrekturen mitunter erheblich. Die Datei, welche für die Belichtung / Positionierung in einem Layoutprogramm verwendet wird, müssen Sie aber natürlich auf die Hintergrundebene reduzieren.

11.3 Ebenenoptionen

In den Ebenenoptionen können Sie die Deckkraft, den Modus und den Namen der Ebene bestimmen. Sie können auch festlegen, wie die Pixel der Ebene die Pixel in der darunterliegenden Ebene beein-

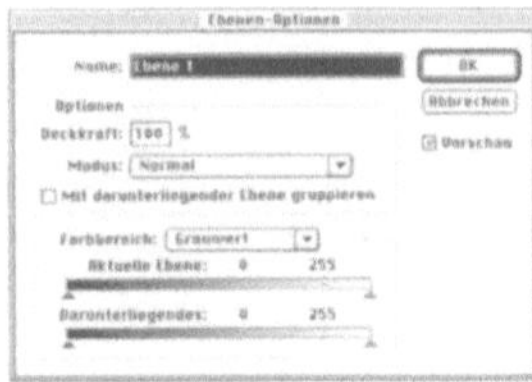

flussen. Sie können die Eigenschaften einer Ebene bei ihrer Erstellung beeinflussen, indem Sie den Befehl **Neue Ebene** verwenden. Um die Eigenschaften einer bereits bestehenden Ebene zu ändern, machen Sie einen Doppelklick auf die Ebene in ihrer Palette oder wählen Sie **Ebenen-Optionen** aus dem Ebenen-Menü oder im Untermenü der Ebenenpalette.

Die Deckkraft einer Ebene können Sie mit dem Deckkraftregler in der Ebenenpalette oder im Dialogfeld Ebenen-Optionen festlegen. Sie können den Ebenen in einem Bild eine unterschiedliche Deckkraft zuweisen. Der Deckkraftregler erscheint grau, wenn ein Bild nur eine sichtbare Ebene oder keine Hintergrundebene enthält. Vollständige Transparenz entspricht einer Deckkraft von 0%. Eine Ebene mit einer Deckkraft von 100% ist vollständig opak.

Die Ebenen-Modi legen fest, in welcher Weise die Pixel zweier übereinanderliegender Ebenen ineinanderkopiert werden. Die Einstellungsoptionen der Ebenen-Modi entsprechen den Möglichkeiten, die Ihnen beim Verlaufswerkzeug (vgl. 7.3.3) zur Verfügung stehen. Der Löschen-Modus ist bei Ebenen allerdings nicht verfügbar.

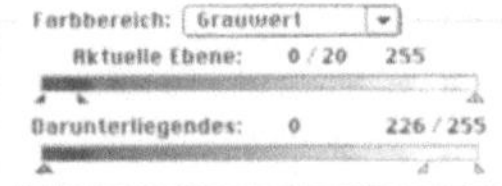

Geteilter Deckkraftregler

In den Ebenen-Optionen können Sie den Farbbereich festlegen. Mit diesen Einstellungen bestimmen Sie, welche Pixel aus der aktiven Ebene und welche Pixel aus der sichtbaren, dahinterliegenden Ebene kommen. Wenn Sie als Farbbereich **Grauwert** definieren, werden alle im Bild vorhandenen Pixel in die Einstellungen mit einbezogen. Sie können die Einstellungen auch nur auf einen gewählten Kanal anwenden.

Die Farbwerte liegen zwischen 0 (Schwarz) und 255 (Weiß). Es ist auch möglich, Bereiche so zu definieren, daß Pixel nur teilweise einkopiert werden. Die Grenzwerte legen Sie fest, indem Sie die Regler für **Aktuelle Ebene** und **Darunterliegendes** entsprechend verschieben. Der weiße Regler bestimmt den oberen, der schwarze Regler den unteren Grenzbereich. Sie können einen Bereich teilweise einkopierter Pixel definieren, indem Sie bei gedrückt gehaltener Wahltaste einen Teil des Reglerdreiecks mit der Maus ziehen. Über dem geteilten Regler werden zwei Werte angezeigt, die den Bereich teilweise einkopierter Pixel definieren.

Wenn Sie z. B. den Regler für die **Aktuelle Ebene** auf einen Bereich von 0 bis 220 einstellen, werden nur die Pixel innerhalb der Grenzen in die andere Ebene kopiert, die in **Darunterliegendes** festgelegt sind. Die Pixel mit Werten von 221 bis 255 werden nicht in die andere Ebene kopiert. Wird der Regler bei **Darunterliegendes** auf den Bereich 30 bis 220 eingestellt, so werden von der unteren Ebene die Pixel von 0 bis 30 und die Pixel von 221 bis 255 einkopiert. Im endgültigen Bild kommen die Pixel 0 bis 30 aus der darunterliegenden, die Pixel 31 bis 220 aus der aktuellen und die Pixel 221 bis 255 aus der darunterliegenden Ebene.

11.4 Arbeiten mit Maskierungsgruppen

Die Basisebene beeinflußt die gesamte Maskierungsgruppe

Sie können eine Ebene als Maske für eine oder mehrere darunterliegende Ebenen verwenden, wenn Sie eine Maskierungsgruppe erstellen. Die hinterste Ebene einer Maskierungsgruppe, auch Basisebene genannt, bestimmt den Modus und die Deckkraft aller zu einer Maskierungsgruppe zugehörenden Ebenen. Nur Ebenen, die direkt übereinander liegen, können eine Maskierungsgruppe bilden. Um sie zu erstellen, verketten Sie zunächst die gewünschten Ebenen, indem Sie in die Spalte links neben dem Ebenen-Thumbnail klicken. Dann wählen Sie **Ebene: Verbundene Ebenen gruppieren**, um die Maskierungsgruppe zu erstellen. Die Basisebene ist dadurch gekennzeichnet, daß der Name unterstrichen ist. Die anderen Ebenen der Maskierungsgruppe sind eingerückt.

Collage, hergestellt mit Hilfe einer Maskierungsgruppe

Sie können eine Ebene, die über der Maskierungsgruppe liegt, einbeziehen, indem Sie in der Ebenenpalette auf die Ebene doppelklicken und im Feld Ebenen-Optionen **Mit darunterliegender Ebene gruppieren** anwählen und die Eingabe bestätigen. Durch Deaktivierung von **Mit darunterliegender Ebene gruppieren** können Sie eine Ebene aus einer Maskierungsgruppe entfernen. Mit dem Befehl **Ebene: Mit darunterliegender Ebene gruppieren** können Sie ebenfalls eine ausgewählte Ebene in eine Maskierungsgruppe einbinden. Mit **Ebene: Gruppierung aufheben** läßt sich eine markierte Ebene aus der Gruppe entfernen. Eine weitere Möglichkeit, Ebenen in Maskierungsgruppen einzubinden, ist, den Mauszeiger bei gedrückt gehaltener Optionstaste auf die

Trennlinie in der Ebenenpalette zwischen Ebene und Maskierungsgruppe zu plazieren. Klicken Sie dann, wenn sich der Mauszeiger in ein Verkettungssymbol umwandelt. Die Ebene wird in die Maskierungsgruppe integriert. Durch Klicken bei gedrückt gehaltener Optionstaste kann die Ebene wieder entfernt werden. Um die Maskierungsgruppe aufzulösen, wählen Sie eine Ebene der Gruppe und heben die Gruppierung mit **Ebene: Gruppierung aufheben** auf.

11.5 Arbeiten mit Ebenenmasken

Die Ebenenmaske legt fest, welche Teile einer Ebene angezeigt werden.

Durch Hinzufügen einer Ebenenmaske können Sie bestimmte Teile einer Ebene sichtbar oder unsichtbar machen. Ebenenmasken erlauben es, verschiedene Spezialeffekte auf Ebenen anzuwenden, ohne die Pixel zunächst tatsächlich zu verändern. Wenn Sie mit dem Effekt zufrieden sind, können Sie die Maske auf die Ebene anwenden, ansonsten die Ebenenmaske einfach wieder entfernen. Nach Anklicken in der Palette kann eine Ebenenmaske mit den Malwerkzeugen bearbeitet werden, um so Bildbereiche zu entfernen oder hinzuzufügen. Jede Ebene eines Bildes kann eine eigene Ebenenmaske enthalten. Um eine Ebenenmaske zu erstellen, wählen Sie **Ebene: Ebenenmaske hinzufügen: Alles maskiert / Nichts maskiert**. Beim Erstellen der Maske können Sie also bestimmen, wie sie dargestellt wird. Wenn Sie einen Auswahlbereich festgelegt haben, können Sie bei der Erstellung der Maske wählen, ob innerhalb oder außerhalb der Auswahl maskiert werden soll. Sie können auch eine Ebenenmaske erstellen, indem Sie auf das Symbol in der Ebenenpalette klicken. Die Ebene und die Auswahl werden dann angezeigt, sind also nicht maskiert. Wenn Sie die Ebenenmaske bei gedrückt gehaltener Wahltaste erstellen, wird die Ebene / Auswahl maskiert.

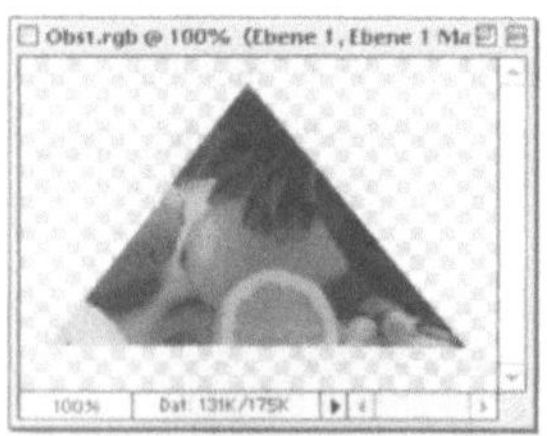

Anwendung der Ebenenmaske

Wenn eine Ebenenmaske aktiv ist, werden Vordergrund- und Hintergrundfarben als Graustufen dargestellt, weil die Ebenenmaske ein 8-Bit Graustufenkanal ist. Durch Klicken in den Thumbnail kann die Maske aktiviert werden, dies wird dann durch das Maskensymbol links neben dem Ebenen-Thumbnail angezeigt. Sie können die Ebenenmake bearbeiten, indem Sie Bereiche durch Schwarz maskieren oder mit Weiß Teile der Maske entfernen. Wenn Sie mit Grau malen, wird die Ebene teilweise verdeckt. Ebene und Ebenenmaske sind normalerweise verbunden, dies ist durch das

Verkettungssymbol zwischen Ebenen-Thumbnail und Masken-Thumbnail gekennzeichnet. Das Aufheben der Verbindung bzw. die erneute Verbindung erfolgen durch Klicken auf das Symbol bzw. das Kästchen. Sie können die Ebenenmaske ausblenden, indem Sie mit gedrückt gehaltener Umschalttaste auf den Thumbnail der Ebenenmaske klicken oder **Ebene: Ebenenmaske deaktivieren** wählen. Im Thumbnail der Ebenenmaske erscheint nun ein großes rotes X. Durch erneutes Klicken auf den Thumbnail oder mit dem Befehl **Ebene: Ebenenmaske aktivieren** kann die Ebenenmaske wieder eingeblendet werden.

Sie können Ebenenmasken anwenden bzw. entfernen, indem Sie **Ebene: Ebenenmaske entfernen** wählen. Wenn Sie die Maske vor dem Entfernen auf die Ebene anwenden wollen, klicken Sie auf **Anwenden**. Um die Änderungen der Maske nicht auf die Ebene anzuwenden, klicken Sie auf **Nicht anwenden**.

11.6. Arbeiten mit Einstellungsebenen

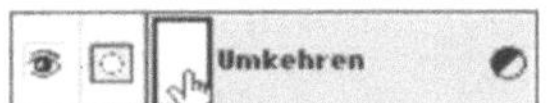

Einstellungsebene in der Ebenenpalette

Die sogenannten Einstellungsebenen sind eine Erweiterung der Ebenenfunktionen in Photoshop 4.0. Mit ihrer Hilfe können Sie Farb- und Tonwertkorrekturen auf ein Bild anwenden, ohne daß die Information der Pixel in den darunterliegenden Ebenen tatsächlich verändert wird. Die Korrekturinformationen werden lediglich in der Einstellungsebene gespeichert. Wenn Sie mit dem Ergebnis einer Korrektur nicht zufrieden sind, können Sie die Einstellungsebene löschen, ohne daß sich dies auf die Information der Pixel in den anderen Ebenen auswirkt. Ein weiterer Vorteil der Einstellungsebenen ist, daß Sie mit einer Einstellung gleich mehrere darunterliegende Ebenen korrigieren können. Um die Einstellung nur auf eine Ebene anzuwenden, müssen Sie eine Maskierungsgruppe erstellen. Es gibt unterschiedliche Arten von Einstellungsebenen. Jede Einstellungsebene kann nur eine Korrekturoption enthalten, z. B. Gradationskurven, Tonwertkorrektur, Farbkorrektur. Sie können eine Einstellungsebene, wie andere Ebenen, ein- und ausblenden. Dadurch können Sie den Effekt der Korrektur besser beurteilen. Sie können bei den Einstellungsebenen auch die Deckkraft und den Modus bestimmen. In der Ebenenpalette wird die Einstellungsebene durch einen halbgefüllten Kreis rechts neben dem Ebenennamen gekennzeichnet.

- **Tonwertkorrektur**
  Gradationskurven
  Helligkeit/Kontrast
  Farbbalance

  Farbton/Sättigung
  Selektive Farbkorrektur

  Umkehren
  Schwellenwert
  Tontrennung

Jede Einstellungsebene beeinflußt genau einen Parameter

Um eine neue Einstellungsebene zu erstellen, wählen Sie **Ebene: Neu: Einstellungsebene** oder **Neue Einstellungsebene** aus dem Untermenü der Ebenenpalette. Im Einstellungsebenen-Dialog können Sie die Ebene benennen, die Korrekturart bestimmen sowie Deckkraft und Modus wählen. Sie können auch eine Einstellungsebene erstellen, indem Sie bei gedrückt gehaltener Befehlstaste auf das Symbol für eine neue Ebene klicken. Wenn Sie die Einstellungsebene nur auf einen bestimmten Auswahlbereich anwenden wollen, müssen Sie vor der Erstellung der Einstellungsebene einen Auswahlbereich definieren. Die neue Einstellungsebene erscheint oberhalb der aktiven Ebene in der Palette. Einstellungsebenen enthalten immer eine Ebenenmaske, welche durch das Maskensymbol neben dem Ebenen-Thumbnail gekennzeichnet ist. Sie können die Maske mit den Malwerkzeugen bearbeiten und dadurch die Wirkung der Einstellungsebene auf darunterliegende Ebenen beeinflussen. Vorder- und Hintergrundfarbe werden standardmäßig als Graustufen dargestellt, wenn eine Einstellungsebene aktiv ist. Wenn Sie mit Schwarz malen, wirkt sich die Einstellungsebene an dieser Stelle nicht aus. Beim Malen mit Weiß wirkt sich der Effekt vollständig auf die darunterliegenden Ebenen aus. Das Malen mit Grau schwächt den Effekt ab. Auf Masken, die Sie mit Grau und Schwarz bearbeitet haben, können Sie Filtereffekte anwenden. Sie können Einstellungsebenen untereinander nicht mischen. Es ist aber möglich, eine Einstellungsebene mit einer Ebene, Ebenengruppe oder Maskierungsgruppe zu mischen. Beim Mischen von Ebenen, Ebenengruppen, usw. werden diese auf eine Ebene reduziert.

Von den Bilddaten zum Auge

12 Von den Bilddaten zum Auge

Die im Rechner gespeicherten Bilder werden für uns erst sichtbar mit Hilfe eines Ausgabemediums, sei es ein Bildschirm, Drucker oder Belichter. Da jedes dieser Medien seine spezifischen Eigenheiten aufweist, unterscheiden sich die von uns wahrgenommenen Bilder oft erheblich; dies gilt in ganz besonderem Maße bei Farbbildern. Aber bereits bei Schwarzweißbildern können unerwartete Effekte auftreten wie das Zulaufen von feinen Rastern etc. Angestrebt wird in jedem Fall, daß wir subjektiv den gleichen Eindruck von einem Bild erhalten, gleichgültig ob wir es am Monitor betrachten oder das gedruckte Blatt vor uns sehen.

12.1 Farbwahrnehmung und Umgebungslicht

Dieses Ideal des „**W**hat **Y**ou **S**ee **I**s **W**hat **Y**ou **G**et" (WYSIWYG) ist nun leider aufgrund technischer Gegebenheiten nie vollständig erreichbar. Stellen Sie sich vor, Sie sehen auf einem Monitor ein Bild, das in Helligkeit und Farbgebung recht genau mit einem daneben gehaltenen gedruckten Bild übereinstimmt. Fällt nun ein Sonnenstrahl auf Monitor und Blatt, so ist auf dem Bildschirm wahrscheinlich nur noch eine graue Fläche sichtbar, während das gedruckte Bild in seiner ganzen Farbenpracht erstrahlt. Der umgekehrte Fall ist nicht weniger enttäuschend: Wenn das Licht zurückgeht, erstrahlt Ihr Bild am Monitor erst richtig, während auf der gedruckten Vorlage kaum mehr etwas zu erkennen ist. Dies macht deutlich, daß von gleicher Darstellung auf derartig unterschiedlichen Medien überhaupt nur gesprochen werden kann, wenn man alle Einflüsse von Umgebungslicht, die Monitoreinstellung, den Betrachtungswinkel und viele weitere Parameter streng normiert und absolut konstant hält.

Wenn Sie bei Farbbildern am Monitor beurteilen wollen, wie Sie gedruckt aussehen werden, müssen Sie sich eine genau einzuhaltende Arbeitsumgebung in einem Raum ohne Tageslicht einrichten und immer den exakt gleichen Belichtungs- und Druckvorgang verwenden. Sie erstellen dann in regelmäßigen Abständen einen Probeandruck und kalibrieren Ihr System.

Die genaue Vorgehensweise bei der Kalibrierung ist im Adobe Photoshop-Handbuch beschrieben; sie reicht u. U. bis zu einer direkten Messung der gedruckten Farbwerte mit einem Spektralphotometer und Berücksichtigung der entsprechenden Korrekturfaktoren. Wir werden die Kalibrierung hier nur kurz ansprechen, denn eine eingehende Beschreibung würde den Rahmen einer Einführungsschulung weit überschreiten.

12.2 Der RGB-Monitor

Monitore unterschiedlicher Modelle arbeiten mit verschiedenen Phosphoren auf ihrer Leuchtschicht. Dies und die herstellerseitigen Grundeinstellungen haben zur Folge, daß sie bereits bei der Darstellung von Weiß völlig unterschiedliche Farbtemperaturen von bläulich bis gelblich zeigen. Meist fällt das nur auf, wenn zwei unterschiedliche Monitore direkt nebeneinander stehen oder das Weiß des Monitors mit einem Papierbogen verglichen wird. Auch bei der Wiedergabe von Farben verhalten sich Monitore durchaus nicht immer einheitlich.

Um solche Variationen auszugleichen, kann die Kontrollfelddatei „Gamma" in den Systemordner kopiert werden. Anschließend steht das Programm „Gamma" über **: Kontrollfelder** zur Verfügung, um das Weiß des Monitors an die Farbe des für den Druck vorgesehenen Papiers anzupassen.

12.3 Belichtung und Druck

Vor dem Druck sollten Sie das gewünschte Ausgabegerät über **: Auswahl** einstellen. Klicken Sie links auf den gewünschten Gerätetyp. Wenn Geräte dieses Typs im Netzwerk gefunden werden, so erscheinen sie mit ihren Namen in der Liste im rechten Dialogteil. Klicken Sie bitte den Namen des gewünschten Gerätes in der Liste an.

Das Papierformat sollten Sie über **Ablage: Papierformat...** überprüfen, wenn Sie ein Ausgabegerät wie oben beschrieben gewählt haben. Neben den üblichen Optionen des jeweiligen Gerätes, die Sie sicherlich von anderen Macintosh-Programmen her kennen, befinden sich im unteren Teil des Dialoges weitere Einstellmöglichkeiten, die Ihnen Adobe Photoshop zur Verfügung stellt. Die Ankreuzfelder erlauben es Ihnen, verschiedene Kombinationen von Schnitt- und Passermarken, Farbskalen und Beschriftungen im Druck einzublenden, das Bild gespiegelt („Schichtseite hinten") oder als Negativ auszugeben.

Über **[Rasterung...]** erreichen Sie einen weiteren Dialog, in dem Sie die Art der Rasterung noch näher definieren können. Sie werden hier normalerweise mit den vorgegebenen Werten arbeiten können.

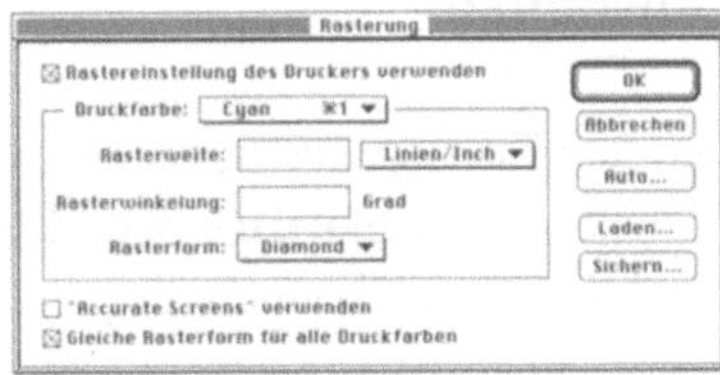

Sollte Ihr Drucker Probleme bei der exakten Wiedergabe der Schwärzungsgrade aufweisen, so ist ein Ausgleich des Druckpunktzuwachses über **[Druckkennlinie...]** zu empfehlen. Normalerweise werden die notwendigen Korrekturwerte bei verschiedenen Dichten vorher über ein Densitometer gemessen und dann in die Tabelle eingetragen.

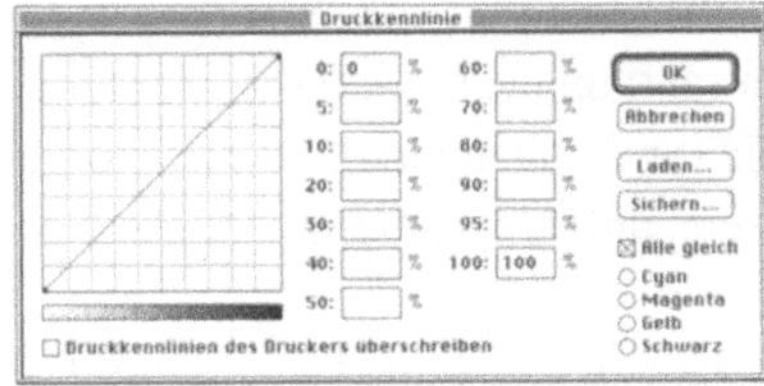

Den eigentlichen Druck starten Sie über **Ablage: Drucken...**. Drücken Sie in dem gezeigten Dialog auf **[OK]**, um mit dem Druck zu beginnen. Statt direkt zu drucken, ist es auch möglich, nur eine PostScript-Datei zu erzeugen, z. B. für die Übergabe an andere Rechnersysteme.

Wenn Sie ein Farbbild so auf einem Drucker ausgeben, erhalten Sie bei farbfähigen Ausgabegeräten direkt einen farbigen Druck.

12.4 Vierfarbseparation

Wenn Sie von Ihrem Bild Farbauszüge herstellen wollen, so müssen Sie durch Umschaltung des **Modus** nach **CMYK Farbe** eine Separation durchführen. Sie können die genauen Parameter für die Durchführung der Umwandlung in die vier Farbkanäle vorher über **Farbeinstellungen: Separation...** im Menü **Ablage** bestimmen.

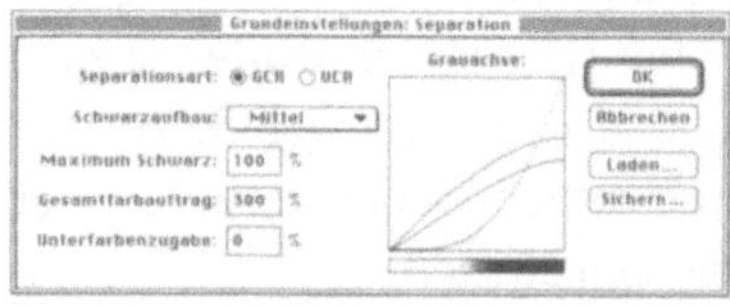

Vorsicht ! Die Umwandlung verändert die Daten Ihres Bildes dauerhaft. Sichern Sie Ihr Originalbild unbedingt vor jeder Modusänderung unter einem anderen Namen.

Wenn Sie nun einfach wie in Kap. 12.3 erläutert auf das Belichtungsgerät ausdrucken, werden statt des kombinierten Bildes die vier separierten Kanäle einzeln ausgegeben.

Es ist mit Adobe Photoshop möglich, farbseparierte Bilder in einem Format zu sichern, das von anderen Programmen wie QuarkXPress™ oder Adobe Illustrator™ gelesen werden kann. Das von der Firma Quark entwickelte Format besteht aus fünf Dateien, die in einem gemeinsamen Verzeichnis liegen müssen. Vier dieser Dateien enthalten die Cyan-, Magenta-, Gelb- und Schwarzauszüge, die fünfte enthält Steuerinformation und u. U. eine niedrigauflösende Darstellung des Bildes zur schnellen Anzeige.

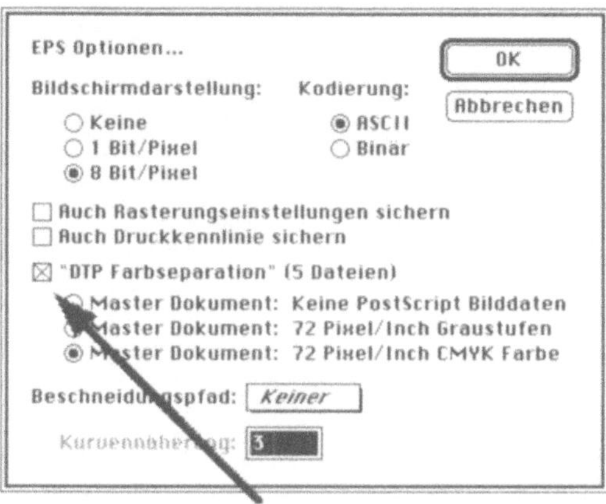

Farbseparation mit Desktop Color Separations (DCS)

Wenn Sie die Farbseparation auf ein Bild angewandt haben, also mit einem CMYK-Bild arbeiten, dann ist der Dialog, den Sie beim Sichern des Bildes im EPS-Format erhalten, um die Option „DTP Farbseparation (5 Dateien)“ erweitert.

Arbeitsschritte automatisieren

13 Arbeitsschritte automatisieren

Mit Photoshop 4.0 können diverse Arbeiten, die bisher nur über externe Automatisierungswerkzeuge zu lösen waren, nun direkt erledigt werden. Insbesondere für Multimedia-Produktionen mit oft hunderten analog zu bearbeitenden Bildern sind die neuen Möglichkeiten von unschätzbarem Wert.

13.1 Die Aktionenpalette

Mit der Aktionenpalette ist es möglich, Arbeitsschritte zu automatisieren. Hierbei werden mehrere Befehle zu einer sogenannten Aktion zusammengefaßt. Es ist möglich, einzelne Aktionen oder auch eine ganze Abfolge von Aktionen aufzuzeichnen, abzuspielen und zu bearbeiten.

Listen-Modus

Um die Aktionenpalette anzuzeigen, wählen Sie **Aktionen einblenden** aus dem Menü-Fenster. Die in der Palette verfügbaren Aktionen sind im Schalter-Modus oder im Listen-Modus darstellbar (siehe auch Randspalte).

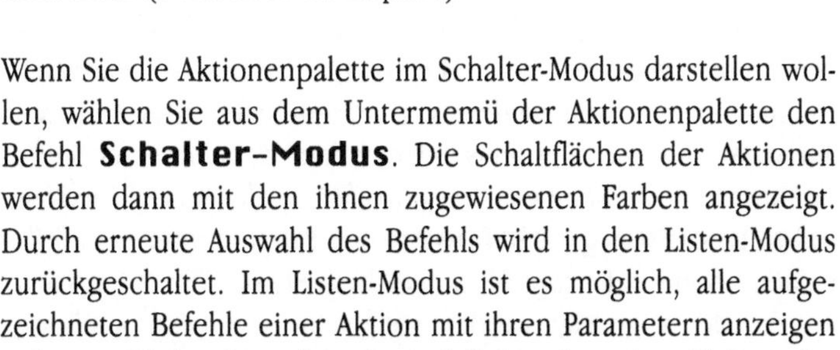

Wenn Sie die Aktionenpalette im Schalter-Modus darstellen wollen, wählen Sie aus dem Untermemü der Aktionenpalette den Befehl **Schalter-Modus**. Die Schaltflächen der Aktionen werden dann mit den ihnen zugewiesenen Farben angezeigt. Durch erneute Auswahl des Befehls wird in den Listen-Modus zurückgeschaltet. Im Listen-Modus ist es möglich, alle aufgezeichneten Befehle einer Aktion mit ihren Parametern anzeigen zu lassen. Klicken Sie auf das Dreieck links neben einer Aktion oder einem Befehl, um die Liste auf- bzw. zuzuklappen.

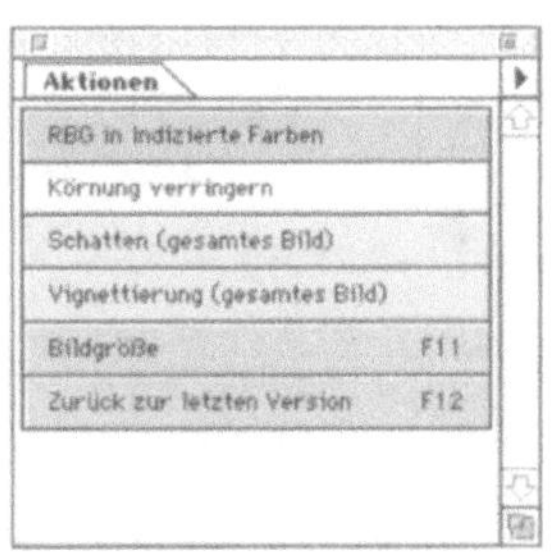

Schalter-Modus

13.2 Erstellen und Aufzeichnen von Aktionen

Wenn Sie in Photoshop eine eigene Aktion erstellen, werden alle Befehle mit den in den zugehörigen Dialogfeldern eingetragenen Werten in ihrer zeitlichen Abfolge aufgezeichnet.

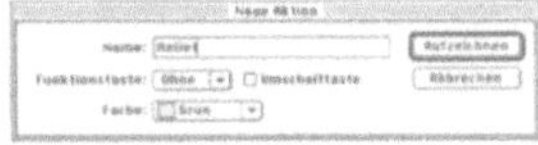

Das Aufzeichnen einer Aktion ist nur im Listen-Modus möglich. Um eine Aktion aufzuzeichnen, öffnen Sie ein Dokument oder besser seine Kopie, auf das Sie die Aktion anwenden wollen. Dann wählen Sie den Befehl **Neue Aktion** aus dem Untermenü der Aktionenpalette oder klicken auf das Symbol für eine neue Aktion. Sie

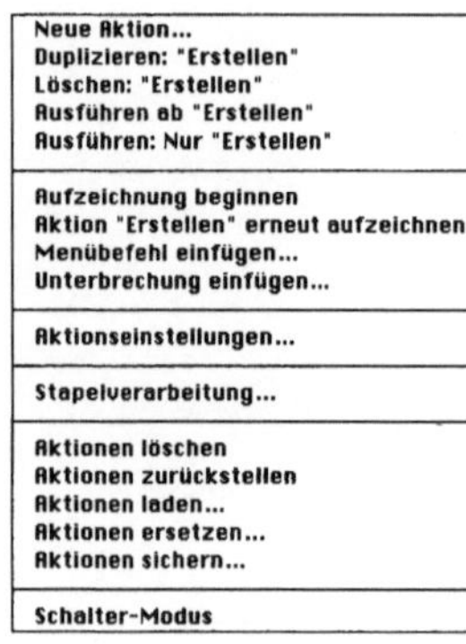

können die Aktion dann benennen, ihr einen Kurzbefehl (mit oder ohne Tastaturkürzel) sowie die Farbe, mit der die Aktion im Schalter-Modus angezeigt werden soll, zuweisen. Klicken Sie im Dialogfenster auf **Aufzeichnen**; das Aufzeichnen-Symbol in der Aktionenpalette erscheint nun Rot. Führen Sie jetzt einfach die Befehle in der gewünschten Reihenfolge aus. Ein Dialog wird in eine Aktion einbezogen, wenn Sie auf [OK] klicken. Soll ein Dialog nicht mit einbezogen werden, klicken Sie auf **Abbrechen**.

Bei der Aufzeichnung der Aktion sollten Sie bedenken, daß sich z. B. Filtereinstellungen oder Vorgaben von Werkzeugspitzen bei verschiedenen Auflösungen ganz unterschiedlich auswirken. Wenn Sie beim Befehl **Sichern unter / Kopie sichern unter** bzw. **Speichern unter / Kopie speichern unter** einen Dateinamen festlegen, so wird dieser immer verwendet, wenn eine Aktion ausgeführt wird. Es ist aber möglich, einen anderen Speicherort festzulegen, ohne zuvor einen Dateinamen anzugeben.

Es gibt auch Befehle, die bei einer Aktion nicht automatisch mit aufgezeichnet werden können. Hierzu zählt das Erstellen einer Auswahl mit einem Auswahlwerkzeug. Der Menübefehl **Alles Auswählen** läßt sich allerdings aufzeichnen. Wenn an einer Stelle der Aktion eine Auswahl manuell getroffen werden soll, wählen Sie **Unterbrechung einfügen** im Palettenuntermenü. Es erscheint nun ein Dialogfeld, in welchem Sie den Text eingeben können, der angezeigt werden soll, wenn die Unterbrechung erreicht ist. Sie können den Anwender an dieser Stelle z. B. dazu auffordern, eine Auswahl zu erstellen. Menübefehle können nachträglich mit dem Befehl **Menübefehl einfügen** aus dem Palettenuntermenü in eine Aktion einbezogen werden.

✓ ▷ Relief

Angewählte Aktion mit Unterbrechung

Wenn Sie den Befehl **Aktion erneut aufzeichnen** aus dem Untermenü wählen, können Sie die Parameter in den einzelnen Dialogen verändern. Um einen einzelnen Befehl einer Aktion zu modifizieren, doppelklicken Sie auf den Befehl und geben die neuen Werte ein.

13.3. Ausführen von Aktionen

Um Aktionen aus dem Listen-Modus heraus auszuführen, markieren Sie die gewünschte Aktion bzw. den Befehl, mit welchem die Aktion beginnen soll, mit der Maus und klicken dann auf den **Ausführen-Knopf**. Die Befehle werden nun der Reihe nach abgearbeitet. Im Listen-Modus können Sie auch einzelne Befehle einer Aktion deaktivieren und Unterbrechungen einfügen. Um Befehle auszuschließen bzw. um sie erneut zu aktivieren, klicken Sie in das äußere Feld links neben dem Namen. Unterbrechungen werden im Feld links neben dem Namen gesetzt bzw. entfernt. Im Schalter-Modus können Sie eine Aktion durch Klicken auf den jeweiligen Schalter starten. In diesem Modus wird die Aktion so ausgeführt, wie sie im Listen-Modus definiert wurde.

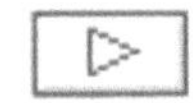

Der Ausführen-Knopf

Unterbrechungen sollten immer dann gesetzt werden, wenn im Dialogfeld irgendwelche Werte verändert werden müssen, wie etwa Filtereinstellungen. Bei der Verwendung von Filtern ist zu beachten, daß sich eine Filtereinstellung bei unterschiedlicher Auflösung des Bildes unterschiedlich auswirkt. Auf ein Bild mit niedriger Auflösung wirkt sich z. B. eine Vergrößerung der hellen Bereiche um 5 Pixel erheblich stärker aus, als bei einem Bild mit hoher Auflösung.

Sie können die Reihenfolge der Befehle innerhalb einer Aktion auch vertauschen. Um einen Befehl innerhalb einer Aktion zu verschieben, klicken Sie einfach mit der Maus auf den Befehl und ziehen ihn bei gedrückter Maustaste an seine neue Position. Sobald an der Zielposition eine farbige Linie erscheint, können Sie die Maustaste loslassen.

Bedenken Sie bitte, daß mit dem Befehl Widerrufen (+ Z) nur der letzte Schritt einer Aktion rückgängig gemacht werden kann. Wenn Sie mit dem Ergebnis nicht zufrieden sind, können Sie mit **Zurück zur letzten Version** die ganze Aktion rückgängig machen. Bei Aktionen, die einen „Sichern-Dialog" enthalten, ist es daher dringend zu empfehlen, die Aktion nur auf eine Kopie des Dokuments anzuwenden.

Mit Hilfe der **Stapelverarbeitungsfunktion** haben Sie die Möglichkeit, eine Aktion auf einen ganzen Ordner von Dateien anzuwenden. Sie können auch Bilder, die von einem Scanner oder einer

Digital-Kamera eingelesen wurden, importieren und mit einer Aktion bearbeiten. Wenn hierbei Probleme auftreten, benötigt Ihr(e) Scanner / Digital-Kamera eventuell ein spezielles Zusatzmodul (nähere Informationen hierzu entnehmen Sie bitte der zugehörigen Bedienungsanleitung).

Für die Stapelverarbeitung müssen sich alle Dateien auf derselben Ebene des Ordners befinden. Wenn der Zielordner nicht mit dem Ausgangsordner übereinstimmt, müssen Sie zuerst einen neuen Ordner erstellen, falls dieser noch nicht vorhanden ist.

13.4 Externe Automatisierung

Es ist auch möglich, einige Arbeitsschritte extern zu automatisieren. Photoshop unterstützt in eingeschränktem Maße AppleScript (Macintosh) bzw. OLE Automatisierungs-Controller wie Microsoft Visual Basic oder Borland Delphi (Windows, außer Windows 3.1).

Ein Beispiel für eine externe Automatisierung wäre z. B. ein Skript, das Bilder aus Photoshop per Stapelverarbeitung in indizierte Farben umwandelt, als Compuserve GIF sichert und anschließend auf einem Web-Server plaziert.

Da für externe Automatisierungen Kenntnisse über systemabhängige Module außerhalb von Photoshop erforderlich sind, werden wir darauf an dieser Stelle nicht weiter eingehen.

14 Zusätzliche Beispiele

14 Zusätzliche Beispiele

Dieses Kapitel dient dazu, Ihre im bisherigen Verlauf des Kurses erworbenen Kenntnisse zu vertiefen und weitergehende Anregungen für spätere eigene Arbeiten zu liefern. Die Übungen dieses Kapitels sind daher zum Teil in einzelnen Schritten ausgeführt und teilweise nur stichwortartig notiert. Falls es notwendig wird, sollten Sie bei der Durchführung auf die Detailinformation in den entsprechenden Kapiteln des Buches oder im Adobe Photoshop Handbuch zurückgreifen.

Wir haben das vorliegende Kapitel in zwei Themenbereiche gegliedert:

- Foto-Nachbearbeitung

- Gestalterische Arbeit

14.1 Foto-Nachbearbeitung

14.1.1 Kolorieren – Einfärben eines Graustufenbildes

Früher, zu Zeiten der Schwarzweißfotografie, war das Kolorieren von Bildern eine notwendige Nachbearbeitung bzw. Notlösung, um zu farbigen Abbildungen zu kommen. Heute hingegen wird Kolorierung als Stilmittel eingesetzt, um einer Fotografie ein altertümliches Aussehen oder eine bestimmte Stimmung zu verleihen.

ÜBUNG

Kolorieren Sie bitte das Bild „Hände" aus dem Unterordner „Bilder" im Photoshop-Ordner so, daß glaubhafte natürliche Farben auftreten. Verwenden Sie dazu Werkzeuge mit eingestellter Option „Farbton & Sättigung".

14.1.2 Rastern – Ein Graustufenbild wird Schwarzweiß

Sollen Graustufenbilder auf einem Drucker ausgegeben werden, der nur schwarze und weiße Pixel mit 300 dpi darstellen kann und keine Befehle für eine Rasterung versteht, so ist die Qualität häufig sehr unbefriedigend. Sie können oftmals eine wesentlich bessere Qualität erreichen, wenn Sie das Bild vor dem Druck über **Modus** in eine **Bitmap** mit der Auflösung des vorgesehenen Ausgabegerätes umwandeln. Die besten Ergebnisse bei der Um-

wandlung von Fotos liefert i. a. die Einstellung „Diffusion Dither" für die Rasterung. In einigen Fällen (z. B. wenn das Bild nur aus einer geringen Anzahl unterschiedlicher Grautöne besteht) kann „Pattern Dither" bessere Bilder liefern. Für spezielle stilistische Effekte können Sie auch ein eigenes Muster zur Rasterung verwenden.

Graustufenbild (direkt gedruckt)

Ein Tip: Wenn Sie mit einem Tintenstrahldrucker arbeiten, so ergibt sich häufig das Problem, daß schwarze Bildpunkte um ca. 30% größer sind als weiße. Das hat zur Folge, daß 50% gerasterte Grauflächen bei der höchsten Auflösung oft „zulaufen", auf jeden Fall aber viel zu dunkel gedruckt werden. Wenn Sie das Bild vor der Umwandlung entsprechend heller machen, erhalten Sie eine realistischere Darstellung.

Bitmap 300 dpi Diffusion

300 dpi, Helligkeit +50, Kontrast -20

14.1.3 Falschfarben — Benutzung von indizierten Farben

Wie bereits erwähnt, werden Falschfarbendarstellungen besonders in der wissenschaftlichen Datenanalyse und in der Medizin verwendet. Sie sind besonders geeignet für die Darstellung schwarzweißer Bilder aus Röntgengeräten, Ultraschallgeräten oder Tomographen. Das folgende Beispiel können Sie nur bearbeiten, wenn Sie Zugang zu einem Scanner haben; fragen Sie ansonsten Ihren Apple-Händler, ob er Ihnen ein Bild einscannen kann.

Besorgen Sie sich ein altes Röntgen- oder Ultraschallbild, z. B. vom Ergebnis Ihres letzten Skiurlaubes. Scannen Sie das Bild bitte, und laden Sie es in Photoshop. Versuchen Sie Details durch Falschfarben hervorzuheben. Wenn Sie eine passende Farbpalette angelegt haben, so speichern Sie diese bitte, um sie möglicherweise für ähnliche Aufnahmen wiederverwenden zu können.

14.2 Gestalterische Arbeit

Besonders für Grafiker und Designer dürften die vielfältigen Fähigkeiten des Programmes Photoshop zum Erzeugen von Grafiken interessant sein.

Dazu ein ganz grundlegender Tip: Wenn Sie eine Arbeit wie z. B. eine Plattenhülle neu entwerfen, so möchten Sie meist sehr viele Varianten durchprobieren, etliches wieder rückgängig machen und möglicherweise einige Stunden experimentieren, bis das Ergebnis genau Ihren Vorstellungen entspricht. Tun Sie das bitte immer in einer **niedrig** aufgelösten „Bildschirm"-Version Ihres Bildes, nicht mit einem Bild, das alle Informationen für den späteren Qualitätsdruck enthält. Es nützt Ihnen nichts, wenn Sie bereits in der Entwurfsphase mehr als die 72 dpi verwenden, die Ihr Bildschirm darstellen kann. Die Rechenzeiten für alle Operationen an dem Bild explodieren aber geradezu mit höherer Auflösung (ein gleich großes Bild mit 300 dpi benötigt grob die sechzehnfache (!) Rechenzeit). Sie sparen also extrem viel Zeit, wenn Sie die Vorgänge, die Sie für die endgültige Gestaltung benötigen (Farbverläufe, Filter, Drehungen etc.) erst einmal in niedriger Auflösung ausprobieren. Erst dann, wenn Sie genau den notwendigen Ablauf aufgeschrieben haben, führen Sie die gleichen Aktionen mit den Originaldaten durch. Ein weiterer Vorteil dieser Methode ist es, daß Sie so gezwungen sind, eine genaue Dokumentation über die verwendeten Verfahren anzulegen. Damit können Sie ähnliche Effekte später jederzeit wieder reproduzieren.

14.2.1 Blue Notes – Farbübergang in einer Auswahl

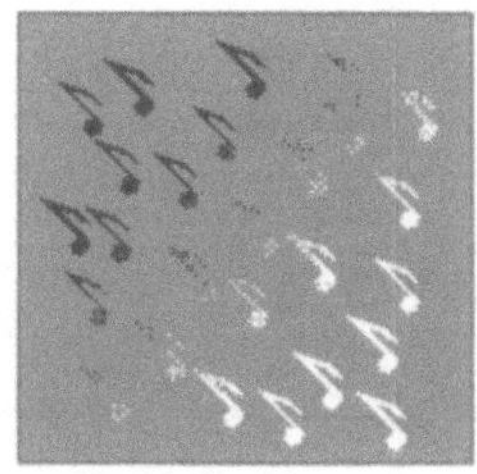

Eine Plattenhülle für ein neues Jazz-Album soll entworfen werden. Sie haben die Vorstellung, daß ein diagonaler Farbübergang zwischen verschiedenen Blautönen und daraufgelegten Noten eine schöne Lösung für den Hintergrund wäre. Der Farbübergang soll in den Notenzeichen erfolgen.

1 Um diesen wirkungsvollen Hintergrund zu erzeugen, legen Sie bitte zunächst durch **Ablage: Neu...** ein leeres Dokument im RGB-Modus an. Legen Sie eine Größe von 400 x 400 Pixeln, eine Auflösung von 72 dpi und weißen Hintergrund fest. (Benutzen Sie wenn irgend möglich, einen Macintosh mit Farbbildschirm.)

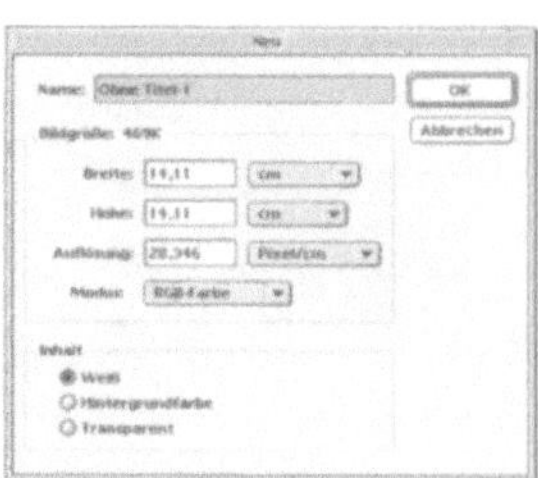

2 Erzeugen Sie sofort eine neue Ebene durch Klicken auf das entsprechende Symbol in der Palette oder durch einen Menübefehl.

3 Stellen Sie die Vordergrundfarbe auf Schwarz, die Hintergrundfarbe auf Weiß ein. Malen Sie nun bitte auf der neuen

Ebene eine Note unter Verwendung der Zeichenwerkzeuge in vergrößerter Ansicht (etwa 300 % mit Befehlstaste+"+"). Stellen Sie dazu zunächst das Linienwerkzeug (Doppelklick!) auf 4 Pixel Breite; Zeichnen Sie nun eine senkrechte (Umschalttaste!) Linie für den Notenhals. Setzen Sie einen leicht elliptischen Auswahlbereich (Werkzeug wählen mit Taste „M") unten links an den Notenhals; Sie können die Auswahlmarkierung noch durch die Pfeiltasten verschieben. Löschen Sie nun den Notenkopf auf die Vordergrundfarbe (Umschalttaste+Löschtaste, Dialog bestätigen!). Beachten Sie, daß die Ränder durch Antialiasing einigermaßen glatt erscheinen. Heben Sie nun die Auswahl auf durch einfaches Klicken irgendwo in das Bild.

4 Wählen Sie jetzt einen passenden Pinsel, und zeichnen Sie damit das noch fehlende Notenfähnchen. Verkleinern Sie Ihre Ansicht nun wieder auf 100 % (mehrfach Befehlstaste+"-")

5 Markieren Sie einen rechteckigen Bereich („M" schaltet von Ellipse auf Rechteck!), der die Note enthält, und drehen Sie ihn (Befehlstaste+Umschalttaste+T) um 45° entgegen dem Uhrzeigersinn.

6 Wenn die Note zu groß geraten sein sollte, dann verkleinern Sie nun bitte proportional (Befehlstaste+T, Umschalttaste festhalten!)

7 Als nächstes wird die Note mit einem der Auswahlwerkzeuge markiert, dann durch Bewegen der Auswahl mit gedrückter Wahltaste und Befehlstaste häufig dupliziert und zufällig auf dem Bild verteilt.

8 Wählen Sie für die Ebene der Noten die Option „Transparente Bereiche schützen, wählen Sie eine Vordergrund- und eine Hintergrundfarbe und füllen Sie die Noten mit einem diagonalen Verlauf.

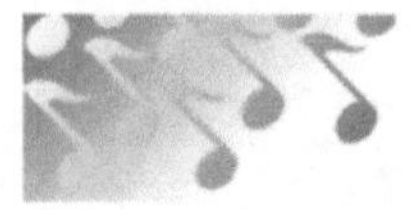

9 Aktivieren Sie nun die Hintergrundebeneund füllen diese mit einem Verlauf in entgegengesetzter Richtung. Achten Sie auf genügenden Kontrast zur Farbe außerhalb der Noten.

10 Bitte sichern Sie den Hintergrund zu späterem Gebrauch unter dem Namen „Blue Notes“.

Sichern Sie das Dokument mit seinen beiden Ebenen für eventuelle spätere Änderungen. Wählen Sie Ablage: Kopie sichern... und reduzieren Sie es beim Speichern unter neuem Namen auf die Hintergrundebene.

14.2.2 Melody - Hinterlegen eines Textes mit weichem Schatten

Auf den Hintergrund aus der letzten Übung soll ein Text gesetzt werden, der einen weichen Schatten wirft, wie er bei diffuser Beleuchtung entsteht.

1 Öffnen Sie bitte das Bild aus der Übung „Blue Notes“ und speichern es unter dem neuen Namen „Melody“.

2 Achten Sie darauf, daß die Vordergrundfarbe auf Schwarz, die Hintergrundfarbe auf Weiß steht. Verwenden Sie das Textwerkzeug, um in einer neuen Ebene einen passenden Text mit 72 pt Größe und Fettdruck in einer schönen Schriftart zu erzeugen. Achten Sie bitte unbedingt darauf, daß Sie für die gewählte Schriftart den Adobe Type Manager oder ein TrueType™-Font installiert haben und kreuzen Sie im Textdialog „Glätten“ an, um beste Schriftqualität zu erhalten.

3 Wählen Sie den Text aus, drehen Sie ihn mit **Ebene: Frei transformieren** auf ca. 20 ° und schieben Sie ihn etwa in die Mitte des Bildes.

4 Duplizieren Sie die Textebene über **Ebene: Ebene duplizieren** und invertieren Sie das Duplikat (Befehlstaste + I). Blenden Sie die oberste Textebene vorerst aus.

5 Wechseln Sie in die mittlere Ebene, in der Sie den schwarzen Text erstellt haben. Wählen Sie alles aus und achten Sie darauf, daß die Option „Transparente Breiche schützen **nicht** angewählt ist.

6 Benutzen Sie den Filter **Gaußschen Weichzeichner...**, um den Schatten weich auslaufen zu lassen.

7 Blenden Sie den weißen Schriftzug jetzt wieder ein, aktivieren Sie die Schattenebene und schieben Sie den Schatten mit dem Verschiebungs-Werkzeug einige Pixel nach rechts unten.

Anhang

Anhang A Tastaturbefehle

Macintosh allgemein

⌘ + A
Alles aktivieren (**A**ll)

⌘ + C
Kopieren (**C**opy)

⌘ + N
Neues Dokument (**N**ew)

⌘ + O
Dokument öffnen (**O**pen)

⌘ + P
Drucken (**P**rint)

⌘ + Q
Beenden (**Q**uit)

⌘ + S
Sichern (**S**ave)

⌘ + V
Einfügen (Taste neben **X** und **C**)

⌘ + X
Ausschneiden (e**X**...)

⌘ + Z
Rückgängig machen

Anhang B Sondertasten

Auf den verschiedenen Tastaturmodellen, die für Macintosh-Rechner erhältlich sind, befinden sich einige Sondertasten, deren Bezeichnung und Funktion hier erklärt werden soll. Für manche dieser Tasten haben sich leider eine Menge unterschiedlicher Begriffe eingebürgert. In der folgenden Aufzählung ist die offizielle Bezeichnung von Apple fett gedruckt; zusätzlich gebräuchliche Namen sind hinter dem Gedankenstrich erwähnt.

Einige der hier vorgestellten Tasten lösen selbst keine Aktion aus, sondern wirken nur in Zusammenhang mit anderen Tasten auf der Tastatur oder mit der Maustaste. Solche modifizierenden Tasten sind mit dem Symbol „+...“ hinter dem Bild der Taste versehen.

Tabulatortaste – Tab-Taste

Die Taste fügt ein Tabulatorzeichen im Text ein. Bei der Ausgabe des Tabulatorzeichens springt die Schreibposition auf den nächsten rechts stehenden Tab-Stop. In Dialogen wird die Taste dazu verwendet, von einem Eingabefeld zum nächsten zu springen. Zusammen mit der Umschalttaste (s. u.) springt die Eingabeposition in das vorherige Eingabefeld.

Feststelltaste – Caps-Lock

Die Taste bleibt so lange gedrückt, bis sie ein zweites Mal betätigt wird. Während sie gedrückt ist, können Großbuchstaben geschrieben werden; Ziffern werden aber nicht auf Sonderzeichen umgeschaltet. Vorsicht! Wenn die Taste versehentlich gedrückt ist, verhalten sich viele Programme sehr ungewöhnlich, da z. B. die Bewegungsrichtungen in Zeichenprogrammen auf 45°-Winkel eingeschränkt sein können oder andere Sonderfunktionen ausgelöst werden.

Umschalttaste – Großschreibtaste, Shift-Taste

Dient der normalen Großschreibung. Wird die Taste in einem Zeichen- bzw. Malprogramm gedrückt gehalten, so wird meist die Form oder Richtung eines neu erstellten Elementes eingeschränkt. Ellipsen werden beispielsweise zu Kreisen, Rechtecke zu Quadraten, Linien können nur ganze 45°-Winkel haben etc.

Control-Taste

Sie wird nur von wenigen Macintosh-Programmen benutzt, da sie auf älteren Tastaturen fehlt. In erster Linie wird sie benötigt, wenn DOS-Programme im DOS-Emulator ablaufen sollen.

Wahltaste – Optionstaste, alt-Taste, Weichentaste

Dient zur Auswahl alternativer Zeichen des Zeichensatzes und häufig in Kombination mit der Maus zum Durchführen alternativer Befehle (Verkleinerung statt Vergrößerung, Kopieren statt Verschieben etc.)

Befehlstaste – Apple-Taste, „Blumenkohl", „Propeller", „Kleeblatt"

Wählt zusammen mit Buchstabentasten die Menübefehle aus, hinter denen das Kleeblattsymbol und der Befehlsbuchstabe stehen. Die Taste wird auch oft wie die Wahltaste und die Umschalttaste zur Abwandlung von Befehlen verwendet, die mit der Maus gegeben werden.

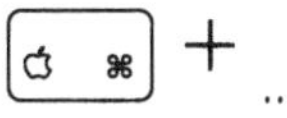

Löschtaste – Rückschritt-Taste, Backspace

Löscht in Texten den Buchstaben links von der Einfügemarke. Wenn ein Textstück aktiviert ist, wird es ganz gelöscht. In Zeichen- und Malprogrammen werden die jeweils aktivierten Objekte bzw. die Auswahl gelöscht.

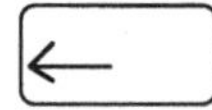

Zeilenschaltung – Return-Taste

Sie wird häufig verwechselt mit der Eingabetaste (s. u.), da beide in vielen Situationen die gleiche Funktion ausführen. Die Taste sollte aber eigentlich nur für ihre ureigenste Funktion, nämlich für das Einfügen neuer Zeilen in einem mehrzeiligen Text, verwendet werden.

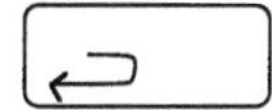

Eingabetaste – Enter-Taste

Diese Taste sollte normalerweise (im Gegensatz zur Taste „Zeilenschaltung") verwendet werden, um Eingaben zu bestätigen. In Dialogen entspricht sie der Betätigung des jeweils umrahmten Knopfes. Die allgemeine Funktion ist wohl am besten mit dem Ausdruck „Datenfreigabe" zu umschreiben.

Anhang C Systemspezifisches

C.1 Einige grundsätzliche Maustechniken

Die Maus ist das wichtigste Eingabegerät des Apple Macintosh. Auf dem Bildschirm wird sie durch den Mauszeiger dargestellt, der der Bewegung der Maus folgt und je nach Arbeitszustand sein Aussehen verändert. Meist ist er als kleiner Pfeil zu erkennen; über Textfeldern, in die Eingaben gemacht werden können, verwandelt sich der Mauszeiger z. B. in das I-förmige Texteingabe-Symbol.

Die grundsätzliche Arbeitsweise mit dem Macintosh besteht darin, zunächst etwas mit der Maus auszuwählen (zu „aktivieren") und dann festzulegen, welche Aktion mit dem aktivierten Objekt erfolgen soll. Dabei können die Wahl der Objekte und die der Aktion oft auf verschiedene Weisen erfolgen.

C.1.1 Aktivieren

Eine Aktivierung ist daran erkennbar, daß entweder in den Ecken von Objekten sogenannte Griffe erscheinen (z. B. bei Objekten in Zeichenprogrammen) oder aber das ganze Objekt hinterlegt oder invertiert erscheint (z. B. Symbole im Finder oder Text). Objekte werden durch eine der folgenden Möglichkeiten aktiviert:

- einfaches Klicken mit der Maus auf ein Objekt
- Maus neben das Objekt setzen und bei gedrückter Maustaste schräg über das Objekt ziehen. Alle in das dabei entstehende Rechteck fallenden Objekte werden aktiviert.

- Die Aktivierung von Text erfolgt, indem man den Mauszeiger vor den ersten zu aktivierenden Buchstaben setzt und die Maus bei gedrückter Taste hinter den letzten Buchstaben bewegt.

Eine bestehende Aktivierung kann auf mehrere Objekte/mehr Text erweitert werden, indem Sie die Umschalttaste drücken und dann weitere Objekte/Zeichen dazu aktivieren.

C.1.2 Bewegen von Objekten

Bewegliche Objekte (Objekte in Zeichenprogrammen, Symbole im Finder, Titelleiste von Fenstern) können an eine andere Position verschoben werden, indem die Maustaste gedrückt wird, während sich der Mauszeiger über dem Objekt befindet. Bei weiterhin gedrückter Taste folgt das Objekt der Mausbewegung.

C.2 Menübedienung

Die Menüs dienen der Steuerung der Arbeitsabläufe. Die Überschriften aller Menüs werden in der obersten Bildschirmzeile (Menüleiste) angezeigt. Sie finden dort die Menübezeichnungen , **Ablage**, **Bearbeiten** sowie je nach Programm verschiedene Applikationsmenüs.

Wenn Sie die Maus auf eine der Menübezeichnungen bewegen und die Maustaste drücken, wird das entsprechende Menü eingeblendet. Sie können nun bei noch gedrückter Maustaste den Pfeil nach unten auf den gewünschten Menüpunkt ziehen. Die Zeile, die sich unter dem Pfeil befindet, wird dabei jeweils invertiert dargestellt. Durch Loslassen der Maustaste wird ein invertierter Menüpunkt angewählt. Falls Sie keinen Menüpunkt anwählen wollen, bewegen Sie vor dem Loslassen einfach den Mauszeiger aus dem Bereich des angezeigten Menüs heraus. Menüs oder einzelne Menüpunkte, die in der aktuellen Situation nicht angewählt werden können, sind grau dargestellt.

Sie können viele Menüpunkte statt mit der Maus auch über eine Tastenkombination anwählen. Bei diesen Menüpunkten wird die zugeordnete Tastaturabkürzung in der Menüzeile rechts angezeigt. Um die Funktion auch bei geschlossenem Menü von der Tastatur aus anzuwählen, müssen Sie die [⌘]-Taste auf der Tastatur gedrückt halten, während Sie das entsprechende Zeichen eingeben.

C.2.1 -Menü

Durch das Apfelmenü haben Sie auch innerhalb des Anwendungsprogrammes die Möglichkeit, auf Schreibtischzubehör zuzugreifen. Das sind kleine Hilfsprogramme, wie z. B. ein Taschenrechner, ein Notizblock etc.

Diese Programme gehören zum Apple-Macintosh-Betriebssystem und werden im „**Macintosh-Benutzerhandbuch**" näher erläutert, das Sie mit dem Rechner erhalten haben sollten.

C.2.2 Ablage

Im Menü **Ablage** finden Sie alle Funktionen, die Sie auf den Daten der aktuellen Datei ausführen können. Allgemein handelt es sich jeweils um das Neuanlegen, Anwählen, Löschen und Drucken von Daten. Außerdem befindet sich hier auch der Menüpunkt zum Beenden des Applikationsprogramms. Der Menüpunkt **Beenden** ist immer der unterste Menüpunkt des **Ablage**-Menüs.

C.2.3 Bearbeiten

Das Menü **Bearbeiten** funktioniert durch die konsistente Benutzeroberfläche des Macintosh in allen Anwenderprogrammen (z. B. Datenbank oder Tabellenkalkulation, Schreibtischzubehör etc.) auf analoge Weise. Auch dieses Menü ist daher im „**Macintosh-Benutzerhandbuch**" erklärt.

C.3 Fenster

C.3.1 Titelleiste

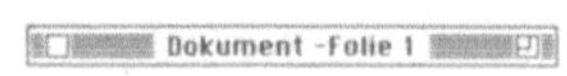

In der Titelleiste ist der Name des bearbeiteten Dokuments (sowie in Photoshop der Maßstab) bezeichnet. Bei mehreren nebeneinander liegenden Fenstern ist das aktive an der waagrechten Schraffur der Titelleiste sowie dem links befindlichen Schließfeld und dem rechts befindlichen Erweiterungsfeld erkennbar. Ein nicht aktives Fenster können Sie durch einfachen Klick irgendwo in die Fensterfläche aktivieren. Klicken in das Schließfeld entspricht der Auswahl des Menüs **Ablage: Schließen**. Das Erweiterungsfeld dehnt das Fenster auf die Bildschirmgröße, ein weiterer Klick läßt es wieder auf den bisherigen Wert schrumpfen.

Fenster lassen sich an ihrer Titelleiste mit der Maus fassen und an eine neue Position bewegen.

Wenn Sie ein anderes als das zuvorderst liegende Fenster bewegen wollen, ohne es dabei nach vorne zu holen, so müssen Sie dabei die Befehlstaste gedrückt halten.

C.3.2 Rollbalken

Mit ihnen kann das Fenster über die darin abgebildete Arbeitsfläche zeilenweise (klicken auf Pfeile), seitenweise (klicken in graue Fläche) oder kontinuierlich (schleppen des weißen Kästchens) bewegt werden.

C.3.3 Verändern der Fenstergröße

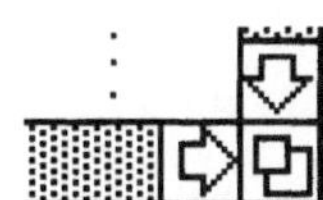

Die Größe eines Fensters können Sie durch Bewegen des Feldes in der rechten unteren Ecke variieren. Dies ist häufig erforderlich, um dahinterliegende Fenster zu sehen.

Anhang D Wörterbuch

abbrechen 1x klicken mit der Maus auf einen **[Abbrechen]**-Knopf. Ist der Knopf im betreffenden Dialog dick umrandet, so kann statt dessen auch die **[Zeilenschaltung]**-Taste gedrückt werden.

aktivieren 1x klicken mit der Maus auf ein Objekt oder Maus bei gedrückter Taste über das Objekt/Textstück ziehen

Album Ein Macintosh-„Schreibtischzubehör", in dem verschiedene Daten wie Texte, Bilder, Töne zur späteren Verwendung abgelegt werden können.

Antialiasing Methode, um Konturen glatter erscheinen zu lassen. Bei A. werden Bildpunkte des Objektes und des Hintergrundes an Rändern durch eine Art Weichzeichnereffekt in ihrem Farbwert angeglichen.

ASCII-Code **A**merican **S**tandard **C**ode of **I**nformation **I**nterchange. Festlegung über die Numerierung der Zeichen. Der Code ordnet jedem Buchstaben, jeder Ziffer und jedem Sonderzeichen eine Nummer zwischen 0 und 255 zu, die in einem Byte im Binärsystem gespeichert werden kann.

Befehlstaste Die auf der Tastatur mit einem Apfel oder einem Kleeblatt-Symbol (⌘) bezeichnete Taste dient in Kombination mit eingegebenen Buchstaben als Befehlstaste. Viele der Menüpunkte sind so direkt über die entsprechende Tastenkombination erreichbar. In Kombination mit der Maus dient sie in manchen Programmen dazu, deren Aktion abzuwandeln.

bestätigen 1x klicken mit der Maus auf einen **[OK]**-Knopf. Ist der Knopf im betreffenden Dialog dick umrandet, so kann statt dessen auch die ↩ -Taste **[Zeilenschaltung]** gedrückt werden. In manchen Dialogen beschreibt die Bezeichnung des Knopfes die auszuführende Aktion, also z. B. **[Sichern]** statt **[OK]**.

Bezier-Kurven Methode zur Berechnung beliebig gekrümmter Kurven aus Punkten und den Tangenten in diesen Punkten.

Bildschirmdump Datei, in der die Daten eines aktuellen Bildschirminhaltes pixelweise abgelegt sind. Ein B. kann später von Grafikprogrammen geladen und bearbeitet werden. Je nach eingestellter Farbtiefe des Monitors kann ein B. beispielsweise 1, 8 oder gar 32 Bit Information für jeden Bildpunkt enthalten.

Binärsystem

Zweiersystem, Digitalsystem – Zahlensystem, bei dem nur zwei Ziffern, die 0 und die 1, verwendet werden. Die Zahlen 2, 3, 4, 5,... werden im B. bereits als mehrstellige Zahl notiert: 0, 1, 10, 11, 100, 101.... Das B. wird in Computern heute generell verwendet, da die Ziffern 0 und 1 sehr leicht als ein-/ausgeschalteter Strom in einer Leitung dargestellt werden können.

Bit

Kleinste Informationseinheit – Ein B. entspricht einer ja/nein-Entscheidung und wird oft durch die Ziffern 0 und 1 dargestellt. Ein B. entspricht einer Stelle im ➡ Binärsystem.

Bitmap

Speichermethode für Bildschirmgrafiken, bei der die Farbinformation einzelner Bildpunkte abgelegt ist. Eine B. im engeren Sinne besteht nur aus schwarzweißen Punkten, die jeweils in einem ➡ Bit abgelegt sind.

Button

➡ Knopf

Byte

Zusammenfassung von acht ➡ Bits. Mit 8 Bits lassen sich 256 verschiedene Zustände (Zahlen) darstellen (0000 0000, 0000 0001, 0000 0010,...,1111 1111). Ein B. wird allgemein in der Computerbranche als Informationseinheit benutzt und erlaubt z. B. die Speicherung von acht schwarzen/weißen Bildpunkten oder eines einzelnen Zeichens (Buchstabe, Zahl, Sonderzeichen). Die Speicherung erfolgt normalerweise im ➡ ASCII-Code.

dazu aktivieren

Wenn schon ein Symbol aktiviert ist, können weitere aktiviert werden, indem man die ⇧ -Taste (Umschalttaste) festhält und auf weitere Symbole 1x mit der Maus klickt.

deaktivieren

Entfernen der Aktivierungskennzeichnung (➡ Griffe eines Objekts, Hinterlegung eines Textes oder schraffierte Balken eines Fensters). Ein Objekt / Text / Fenster wird deaktiviert, indem man mit der Maus auf eine unbenutzte Stelle außerhalb klickt. Objekte können auch durch ⇧ - Taste und Klick auf das Objekt deaktiviert werden.

Desk-Accessory Kleines eigenständiges Programm, das in fast allen Programmsituationen aus dem „Apfelmenü“ aufgerufen werden kann (Album / Uhr / Tastatur / Kontrollfeld etc.).

Dialog Von Macintosh-Programmen eingeblendetes Fenster, in dem vom Anwender Eingaben vorgenommen werden. Dialoge enthalten normalerweise Knöpfe zur Betätigung mit der Maus sowie oft auch andere Bedienungselemente (Eingabefelder, Schieberegler etc.).

Dithering Verfahren, um durch nebeneinanderliegende Bildpunkte unterschiedlicher Farbe den Eindruck einer Mischfarbe zu erzeugen. Durch D. wird die farbliche Auflösung eines Bildes auf Kosten der räumlichen Auflösung verbessert. Je nach verwendetem Dithering-Verfahren kann das Aussehen eines Bildes stark verbessert werden. Besonders wichtig ist D. für die Umwandlung von Graustufenbildern in schwarzweiße ➡ Bitmap-Bilder.

Doppelklick 2x schnelle Betätigung der Maustaste

dpi dots per inch

Dump ➡ Bildschirmdump

EPS ➡ PostScript

Fenster schließen 1x klicken mit der Maus in das links oben an vielen Fenstern sichtbare quadratische Schließfeld. In vielen Situationen kann statt dessen auch der Befehl **Schließen** aus dem Menü **Ablage** verwendet werden.

Finder Der Teil des Macintosh-Betriebssystems, durch den die Inhaltsverzeichnisse der Datenträger verwaltet und angezeigt werden.

gescannt Von einem Scanner in den Rechner übernommenes Bild. Ein Scanner ist ein Gerät, das z. B. ein Foto Punkt für Punkt abtastet und die Helligkeitswerte bzw. Farbwerte an den Rechner übermittelt. Ein so eingelesenes Foto kann auf dem Bildschirm dargestellt und wieder ausgedruckt werden.

Griffe
Markierungen an einem aktivierten Objekt in Form kleiner invertierter Quadrätchen. An diesen Griffen lassen sich Objekte in der Größe verzerren.

Histogramm
Balkendiagramm

Icon
Kleine bildliche Darstellung eines Programmes oder Dokumentes auf dem Bildschirm, oft einfach als Symbol bezeichnet.

Knopf
Meist beschriftete und als abgerundetes Rechteck dargestellte Schaltfläche, die in verschiedenen Dialogen erscheint und durch 1x Klicken mit der Maus betätigt werden kann.

Kontrollfeld
Bestandteil des Macintosh-Betriebssystems zur Einstellung gewisser Geräteeigenschaften

MacPaint
Erstes Malprogramm auf einem Macintosh. Das Programm selbst ist heute kaum noch im Gebrauch. Dennoch wird das einfache schwarzweiße Rastergrafik-Dateiformat auch von vielen neueren Programmen unterstützt.

MultiFinder
Apple-Systemprogramm zur Verwaltung von Datenträgern mit grafischer Benutzeroberfläche und Erweiterung auf Multitasking. Unter dem MultiFinder können verschiedene Programme quasi gleichzeitig ablaufen.

Optionstaste
➡ Wahltaste

Ordner
Unter-Inhaltsverzeichnis eines Datenträgers (i.allg. Festplatte oder Diskette)

Pfeiltasten
Auf den meisten Tastaturen verfügbare Tasten zur Bewegung der Eingabemarke. Meist sind die Tasten, von den normalen Schreibmaschinentasten abgesetzt, in einem eigenen Block angeordnet und mit Pfeilsymbolen beschriftet.

PICT
Verbreitetes allgemeines Grafikformat auf dem Macintosh. In diesem Format können sowohl Vektorgrafik als auch Rastergrafik dargestellt werden. Das Format PICT2 ist eine Weiterentwicklung des ursprünglichen PICT-Formates.

Pixel Verballhornung für „Picture Element". Ein P. ist die kleinste sichtbare Einheit eines Bildes, ein Bildpunkt. Je nach der Anzahl möglicher Farben kann zur Speicherung eines P.s unterschiedlich viel Information erforderlich sein.

Popup-Menü Ein einem Eingabefeld zugeordnetes Menü, das aufspringt, solange der Mausknopf über dem Feld gedrückt wird. Aus dem P. kann eine Eingabe für das Feld dann mit der Maus ausgewählt werden.

PostScript Seitenbeschreibungssprache vieler Drucker und Fotosatzgeräte. Die Ausgabe vieler Programme kann als sogenanntes EPS (Encapsulated PostScript) erfolgen. Dabei sind Sequenzen von PostScript mit bestimmten Zusatzinformationen abgelegt.

Prozessor Zentrale Baugruppe eines Computers, die die eigentliche Rechenleistung vollbringt und in der Lage ist, sehr schnell einige einfache Befehle wie Addition oder Speicherbewegungen auszuführen.

Punkt Bildpunktabstand auf einem Macintosh-Bildschirm (1/72 inch), etwa gleich einem typografischen Punkt (= 0,376 mm).

QuickDraw Programmbibliothek, die das Macintosh-Betriebssystem verwendet, um Grafiken auf dem Bildschirm und auf Druckern auszugeben, die nicht mit PostScript ausgestattet sind.

Rastergrafik Methode, Grafiken über die Speicherung einzelner Bildpunkte zu definieren.

Scanner ➡ gescannt

Schreibtisch Grauer Bildschirmhintergrund der grafischen Benutzeroberfläche

Umschalttaste (Shift-Taste) Taste zum Schreiben der Großbuchstaben auf der Tastatur. Neben dieser Funktion wird die Umschalttaste von vielen Macintosh-Programmen auch dafür verwendet, Aktionen mit der Maus abzuwandeln (Quadrate statt Rechtecke zeichnen, dazu aktivieren statt neu aktivieren etc.).

Vektorgrafik Methode, Grafiken über die Koordinaten von Linien zu definieren.

Wahltaste

Die auf der Tastatur mit „alt" oder einem Weichensymbol (alt ⌥) bezeichnete Taste dient zum Erreichen vieler Sonderzeichen über die Tastatur. Neben dieser Funktion wird die Wahltaste (Optionstaste) von vielen Macintosh-Programmen auch dafür verwendet, Aktionen mit der Maus abzuwandeln.

Zwischenablage

Temporärer Speicher für ausgeschnittene oder kopierte Texte, Objekte etc.

Index

A

B

C

D

E

U

V

W

X

Y

Z